_____ 님의 소중한 미래를 위해
이 책을 드립니다.

트럼프 2.0 시대에 꼭 사야 할 주식

트럼프 2.0 시대에
꼭 사야 할 주식

**베스트 애널리스트의
트럼프 2.0 시대 수혜주 50선!**

이상현 지음

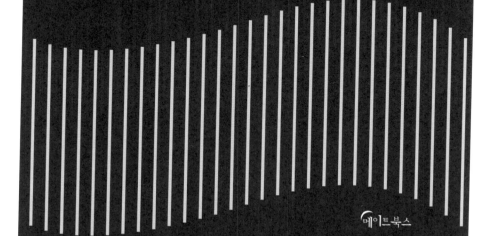

메이트북스

메이트북스 · 우리는 책이 독자를 위한 것임을 잊지 않는다.
우리는 독자의 꿈을 사랑하고,
그 꿈이 실현될 수 있는 도구를 세상에 내놓는다.

트럼프 2.0 시대에 꼭 사야 할 주식

초판 1쇄 발행 2025년 2월 25일 **| 지은이** 이상헌
펴낸곳 (주)원앤원콘텐츠그룹 **| 펴낸이** 강현규·정영훈
등록번호 제301-2006-001호 **| 등록일자** 2013년 5월 24일
주소 04607 서울시 중구 다산로 139 랜더스빌딩 5층 **| 전화** (02)2234-7117
팩스 (02)2234-1086 **| 홈페이지** matebooks.co.kr **| 이메일** khg0109@hanmail.net
값 19,000원 **| ISBN** 979-11-6002-927-7 03320

주식을 평가하는 최선의 방법은
해당 기업의 현금 흐름을 분석하는 것이다.

• 세스 클라만(거대 투자사 '바우포스트' 그룹 회장) •

트럼프 2.0 시대에 주목해야 할 4가지 테마(feat. 한국 주식 우선주의)

필자는 주식시장에서 기업을 볼 때 3가지 관점에서 살펴본다. 그 것은 바로 '정부정책, 시장 규모, 비즈니스 모델'이다.

기업의 주가는 실적베이스에 밸류에이션 배수를 곱해서 이루어 진다. 기업의 주가가 크게 상승하기 위해서는 무엇보다 밸류에이션 배수가 높아져야 한다. 이러한 밸류에이션 배수를 결정하는 요인들 이 여러 가지가 있지만 그중에서도 시장 규모가 지속적으로 성장하 는 것이 가장 크게 영향을 미친다. 가령 2023년 상반기에 전기차 관 련주인 우리나라 이차전지 주식이 강한 상승랠리를 펼쳤다. 이는 미 국정부의 IRA(인플레이션감축법) 정책으로 인해 향후 전체 자동차 시 장에서 내연차 대비 전기차가 차지하는 비중이 지속적으로 상승하 면서 이차전지 시장 규모가 커질 것으로 기대했기 때문이다. 무엇보 다 미국은 어떤 제품이든 시장 규모가 가장 큰데, 이러한 미국 자동차 시장에서 전기차 침투율이 커진다면 이차전지 시장 규모가 더욱 더 커질 수 있기 때문에 밸류에이션 배수를 높게 줄 수 있다.

이렇듯 시장 규모 글로벌 1위 국가인 미국에서의 정부정책이 우리나라 주식시장에도 매우 크게 영향을 미치고 있다. 이에 따라 미국에서 중요하게 여겨지는 정책들이 관련 산업의 방향성뿐만 아니라 글로벌 시장 규모를 확대시킬 수 있는 요인이 될 것이다. 즉 이와 관련된 주식들의 경우 글로벌 시장 규모 확대의 기대감 반영 등으로 밸류에이션 배수가 높아지면서 지속적으로 상승할 수 있는 모멘텀으로 작용할 것이다.

이에 따라 현재 시점에서는 미국정부에서 추구하는 정책들이 어떤 것이 있으며, 그중에서도 어떤 정책이 가장 중요하게 추진되고 있는지를 살펴보는 것이 무엇보다 중요하다.

특히 2025년 1월 20일, 트럼프가 미국 대통령으로 취임하면서 트럼프 2.0 시대가 개막되었기 때문에 더더욱 그렇다. 무엇보다 트럼프는 미국 제47대 대통령 선거에서 대중적 지지를 고르게 획득했을 뿐만 아니라 상·하원 모두 공화당이 승리함에 따라 의회 권력의 지원이 가능하며, 충성심 강한 내각 구성 등 3박자를 갖춘 '트럼프 2.0 시대'가 개막되었다. 이에 따라 트럼프 2.0 시대 정부정책 추진이 트럼프 1.0 시대보다 빠르고 강하게 진행될 것으로 예상된다. 트럼프 2.0 시대 정부정책의 경우 '미국을 다시 위대하게(MAGA, Make America Great Again)'라는 슬로건처럼 미국 우선주의에 기반해 수립되고 추진될 것이다. 다른 한편으로는 트럼프 2.0 시대에는 중국을 가장 큰 전략적 위협으로 보고 미중 패권전쟁에 기반해 정책이 수립되고 추진될 것이다. 이에 따라 미국 경제 회복을 위한 물가 안정, 규제 완화, 에너지 독립 등의 정책을 유지하고 강화하는 가운데 미국 우선주의 및 미중 패권전쟁에 기반한 통상 및 산업 정책 확대가 전망된다.

트럼프 2.0 시대에 주목해야 할 4가지 테마는 에너지, AI·로봇, 우주, 방산이다.

첫 번째 테마는 에너지다.

트럼프 2.0 시대의 에너지 정책이 LNG 및 원자력 르네상스를 이끌 것이다. 트럼프 2.0 시대 에너지 정책에는 환경규제 완화 등을 통해 에너지 산업의 경쟁력을 강화함으로써 자국 내 에너지 비용을 줄이려는 의도가 있다. 이와 같은 화석연료 활성화 계획에 따라 대대적인 석유·천연가스 개발과 생산에 나서면서 LNG 수출이 확대될 것이다. 이에 따라 미국산 LNG 수입 증가로 트레이딩 등으로 비즈니스를 확대할 수 있는 기업이나 LNG 관련 프로젝트 증가로 신규 수주가 확대될 수 있는 기업에 주목해야 한다.

다른 한편으로는 AI 등으로 인한 데이터센터 건설 등으로 전력 사용량 증대가 예상되는 가운데, 탄소배출이 없는 무탄소에너지(CFE)인 원전이 각광받고 있다. 트럼프 2.0 시대에서는 미국 우선 에너지 정책에 따라 원전에 대한 정부 지원 증가가 예상될 뿐만 아니라 재생에너지 관련 예산 조정 과정 속에서 원전의 수혜 가능성도 존재한다. 무엇보다 빅테크들이 데이터센터 가동을 위해 원전을 선택하고 있다는 점 등을 고려할 때 원전의 지속적인 호황이 예상된다. 이러한 글로벌 원전 수요 증가로 신규수주 등이 확대될 수 있는 기업에 주목해야 할 것이다.

두 번째 테마는 AI·로봇이다.

트럼프 2.0 시대 규제 완화 및 패권전쟁으로 AI, 로봇 산업이 부각될 것이다. 또한 트럼프 2.0 시대에는 AI 맨해튼 프로젝트가 추진될 것이다. 이는 2차 세계대전 당시 핵무기를 개발해 국제 안보 지형을 바꿔가면서 패권을 장악했듯이, 이번 경우에는 AI 등으로 기술 헤게모니를 확고히 하겠다는 선언이다. 즉 AI를 통한 국가 안보 강화뿐만 아니라 중국 등의 경쟁국을 압도할 수 있는 기술적 우위를 확보하려는 의지가 담겨 있다.

이러한 환경하에서 트럼프 2.0 시대에 정부효율부(DOGE, Department of Government Efficiency)를 신설함에 따라 정부 관료제의 비효율성을 제거하는 동시에 기업가적인 혁신정신을 정부 운영에 도입함으로써 정부의 AI 등 다양한 기술에 대한 규제 완화가 가속화될 것이다. 특히 AI 투자가 인프라 단계에서 플랫폼과 애플리케이션 단계로 전환되면서 시장 규모를 더욱 키울 수 있을 것이다. 무엇보다 AI가 국방 및 방산 분야에 활용될 경우 군사적 우위를 놓고 경쟁하는 중국 등 여타 국가들에 비해 확실한 기술적 우위를 차지할 수 있을 것이다.

다른 한편으로는 트럼프 2.0 시대에는 전 세계적인 노동력 부족, 인건비 상승 및 고령화 등 사회구조적 변화, 리쇼어링 등 글로벌 공급망 재편으로 인해 로봇 도입이 점차 가속화되는 추세가 될 것이다. 특히 사람 형태를 모방한 휴머노이드 로봇은 물건 운반과 정리·위험물 처리·구조 활동 등 일반 로봇에 비해 쓰임새와 잠재력이 훨씬 클 것으로 기대되고 있다. 이에 따라 삼성전자를 비롯해 빅테크 기업들은 AI 기술을 물리적으로 구현할 플랫폼인 로봇 시장 진출을 가속화하고 있다.

이렇듯 트럼프 2.0 시대에는 금융, 제조, 소매, 자율주행, 헬스케어, 로봇, 온디바이스 AI, 보안 등 글로벌 산업 전반에 걸쳐 AI 등의 도입이 본격화되면서 산업구조의 혁신적인 변화뿐만 아니라 AI 및 로봇 성장세에 불을 당길 것이다. AI 및 로봇 대중화로 시장 규모가 본격적으로 커질 것으로 예상됨에 따라 이러한 성장세에 수혜를 받을 기업에 주목해야 할 것이다.

세 번째 테마는 우주다.

트럼프 2.0 시대에는 우주패권 전쟁에서 승리하기 위해 아르테미스 프로젝트, 우주군, 민간 우주경제 성장이 본격화될 것이다. 미국과 중국의 패권 다툼 등으로 달 탐사를 둘러싸고 경쟁이 격화하고 있어서 트럼프 2.0 시대 미국의 아르테미스 프로젝트 등이 본격화될 수 있을 것이다. 트럼프 2.0 시대 우주정책의 기본 방향은 지구 근 궤도에서 강력한 제조 산업을 건설하고, 우주비행사를 달과 화성으로 보내며, 빠르게 확장하는 민간 우주 부문과의 협력을 강화해 우주에 접근하고, 거주하고, 우주 자산을 개발하는 능력을 혁신적으로 발전시키는 것이다. 이에 따라 민간 주도의 우주사업 방식인 뉴스페이스(New Space)가 더 활성화될 수 있다는 점과 함께 저궤도 위성통신 등을 활용해 차세대 이동통신, 자율주행, 군용 통신, 위성모바일 통신, 위성 탐사 및 관측, 재난 예측 등 산업 생태계를 기반으로 하는 비즈니스 영역으로 진입하면서 민간 우주경제의 급성장을 이끌 것이다.

다른 한편으로는 주한 미우주군이 확대되는 환경하에서 425사업 등 독자 정찰위성 발사를 시작으로 초소형위성체계 사업 등의 정찰위성체계가 본격화되면서 우주개발 성장을 견인할 것이다. 이에 따라 발사체, 관측 위성, 달 착륙 등 우주탐사 및 정찰위성체계와 관련된 기업들과 함께 저궤도 위성통신 성장세에 수혜를 받을 기업에 주목해야 할 것이다.

네 번째 테마는 방산이다.

트럼프 2.0 시대의 각자도생 정책이 글로벌 자주국방 강화 추세로 이어지면서 방산 부흥을 이끌 것이다. 우크라이나 전쟁 등으로 인해 국제적으로 안보 불안이 증가해 유럽 각국은 자국의 가치와 사회를 보호하기 위한 무기 구매 등을 통해 방어 역량 확충에 나서고 있다. 이와 같은 대규모 재무장은 시작점에 불과하며, 향후 신냉전체제 돌입으로 국방비 지출 증가세는 지속될 것으로 예상된다. 이러한 환경하에서 트럼프 2.0 시대에는 미국 우선주의에 입각한 안보 무임승차 불가론을 내세워 NATO 회원국들을 향해 대대적인 방위비 증액 압박에 돌입할 것이다. 이와 함께 미국이 중국 견제에 집중하기 위해 "유럽의 방위는 NATO 동맹국들이 보다 적극적으로 책임지라"며 압박할 가능성이 크다.

이처럼 트럼프 2.0 시대에는 동맹국과의 안보 협력보다는 자국 우선주의에 기반한 각자도생 정책 등이 글로벌 자주국방 강화 추세로 이어질 가능성이 높아질 수 있다. 이에 따라 유럽 등 지정학적 리스크가 확대된 국가들의 경우 자체적인 방어 시스템을 구축하기 위해 국방비 지출 확대가 불가피할 것으로 예상된다. 이렇듯 국방비 지출 확대가 예상되는 지역인 유럽, 중동, 동남아, 미국 등으로 방산수출이 가능한 기업들을 주목해야 할 것이다.

에너지, AI·로봇, 우주, 방산 등 4가지 테마에서 트럼프 2.0 시대 미국 정부정책 등으로 인해 글로벌 시장 규모가 커지면서 관련 기업들의 경우 밸류에이션 배수가 보다 더 높아질 수 있을 것이다. 당연히 트럼프 2.0 시대의 정부정책들은 '방산'을 제외하고는 미국 기업들이 최대 수혜를 받을 것이다. 이러한 환경하에서 미국 주식시장의 경우 2024년 한 해 동안 대형주 위주의 S&P500지수는 23% 이상, 기술주 중심의 나스닥 지수는 28% 이상, 다우 평균은 12% 이상 크게 상승했다. 특히 7개 대형 기술주를 일컫는 'Magnificent 7(테슬라, 엔비디아, 알파벳, 아마존, 애플, 메타, 마이크로소프트 등)'을 중심으로 기술주, 성장주 및 대형주가 강세를 보였다. 즉 AI 등을 필두로 한 트럼프 2.0 시대의 정부정책들의 기대감 등이 상당 부분 반영된 측면이 있는 것이다. 무엇보다 2024년 말 기준 S&P500지수가 2025년 예상 EPS 기준으로 PER 22배에 거래되고 있다. 이에 따라 2024년 말 기준 미국의 10년물 국채금리가 주식 기대수익률보다 높아졌기 때문에 밸류에이션이 다소 부담스러운 수준이다.

반면에 우리나라 주식시장의 경우, 2024년 한 해 동안 코스피 지수는 9.4% 하락했으며, 코스닥 지수도 23.1% 하락했다. 이는 2024년 글로벌 증시 등락률에서 하위권에 머무르는 수준이다. 이처럼 우리나라 주식시장이 2024년에 저조했던 요인은 하반기 들어 수출증가율 하락에 대한 우려감이 반영됨에 따라 삼성전자 등으로 외국인 매도가 증가하면서 지수가 하락했기 때문이다. 즉 코스피 시장에서 외국인은 2024년 1월부터 7월까지 24.1조 원을 순매수했으나, 8월 순매도 전환 후 연말까지 총 22.8조 원을 매도했다.

이에 따라 2024년 말 기준 코스피 지수가 2025년 예상 EPS 기준으로 PER 8.2배, 2025년 예상 BPS 기준으로 0.81배에 거래되고 있어서 여러 가지 불확실성 요인들이 상당 부분 선반영된 측면이 있다. 이러한 바닥을 확인시켜주는 밸류에이션 수준으로 인해 향후 큰 하락요인은 없을 것으로 예상된다.

이러한 환경하에서 트럼프 2.0 시대 정부정책이 직간접적으로 우리나라 주식시장에 큰 영향을 미칠 것이다. 무엇보다 에너지, AI·로봇, 우주, 방산 등 4가지 테마의 경우 미국 시장 규모의 성장에 국한

되지 않고, 우리나라 시장 규모와 함께 글로벌 시장 규모까지 확대시킬 수 있는 트렌드로 형성될 수 있을 것이다. 이에 따라 4가지 테마와 관련되어 시장 규모 확대 측면에서 우리나라 기업들에게도 주가 상승의 모멘텀으로 작용하면서 주가 상승을 크게 이끌 수 있을 것이다.

트럼프 2.0 시대의 정책 패러다임 변화로 글로벌 질서와 경제구조 등이 급격하게 요동칠 수 있는 격변의 시대를 맞이해 보다 나은 미래를 꿈꾸는 자만이 큰 기회를 얻기 마련이다. 아무쪼록 이 책이 트럼프 2.0 시대 정부정책의 변화들을 더 잘 이해하고, 더 나아가 트럼프 2.0 시대에 주식으로 큰 기회를 잡는 데 조금이나마 도움이 되었으면 한다.

끝으로 늘 곁에서 버팀목이 되어주는 아내 세은이와 아빠를 제일 좋아하는 사랑스러운 딸 예원이, 늘 잘 되기를 기원해주시는 양가 부모님과 하늘에 계신 아버지께도 고마움을 전하며, 이 책을 읽는 독자에게도 행운을 빈다.

이상헌

차례

PART 01 트럼프 2기의 정책 패러다임과 꼭 주목해야 할 투자 테마들

PART 02 테마 1: 트럼프 2기의 에너지 정책이 LNG 및 원자력 르네상스를 이끈다

PART
01

- 신자유주의에서 네오포퓰리즘으로, 글로벌 경제·정치질서의 격변기
- 삼박자 갖춘 트럼프 2기의 정책 및 금융시장의 변화 포인트
- 트럼프 2.0 시대를 맞아 꼭 주목해야 할 4가지 테마

트럼프 2기의
정책 패러다임과
꼭 주목해야 할
투자 테마들

신자유주의에서 네오포퓰리즘으로, 글로벌 경제·정치질서의 격변기

신자유주의에서 네오포퓰리즘으로 미국의 정책 패러다임이 바뀌는
과도기적 시기인 트럼프 2.0 시대가 시작되었다.
관세 인상 등 보호무역주의 확대 등을 기반으로 제조업 중시, 중국 억제 기조,
국익 중심의 고립주의 등이 강화될 것으로 예상된다.

미국 제47대 대통령 선거에서 트럼프는 51개 선거구 중 31개에서 승리해 312명의 선거인단을 확보한 데 반해 해리스는 20개 선거구에서 226명의 선거인단 확보에 그쳐 트럼프가 압승했다. 트럼프는 유권자 투표에서도 50.5%를 획득해, 48.2%를 얻은 해리스 후보를 제치고 승리했다.

이와 같은 트럼프의 승리 요인은 바이든 정부 내내 계속된 고물가 등 경제 문제가 선거의 핵심 프레임으로 부상한 것에서 찾을 수 있다. 그동안 공화당 지지 기반이 아니었던 다인종, 노동계층 유권자들의 물가안정을 통한 실질소득 회복 등의 기대감이 반영되면서 이

들이 트럼프를 지지하는 방향으로 선회했기 때문이다.

또한 대통령 선거와 동시에 치러진 제119대 연방의원 선거에서 상원의원 100석 중 공화당이 과반수 이상인 53석을 확보했으며, 하원의원의 경우도 453석 중 공화당이 과반수 220석을 확보했다. 이와 같이 행정부, 상·하원 모두 공화당이 승리해 레드 스윕(Red Sweep, 미국 공화당이 백악관과 상·하원 의회를 모두 장악하는 현상)이 현실화됨에 따라 트럼프 2.0 시대에서는 트럼프 1.0 시대보다는 더욱 강력한 정책 드라이브를 추진할 수 있을 것으로 기대된다. 이러한 환경하에서 트럼프 2.0 시대 미국 정책 패러다임의 변화 배경을 엿보기 위해 먼저 그동안 미국 정책 패러다임 변화가 어떻게 전개되었는지를 살펴보고자 한다.

새로운 정책 프레임에 대한
필요성이 제기된 배경

미국이 공산주의와의 체제 경쟁을 하고 있는 가운데 승리하는 과정 속에서 신자유주의가 나타났다. 미국의 경우 1930년대부터 시작해 1970년대까지 큰 정부를 표방하는 뉴딜 정책 프레임으로 전개되어왔다. 그러나 1980년대 레이건 행정부가 들어오면서 감세, 탈규제 등 작은 정부 정책들이 추진되면서 신자유주의 정책 프레임이 전개되기 시작했다. 신자유주의란, 정부 역할을 축소하는 가운데 시장을 중시하면서 자본과 상품, 사람의 자유로운 이동이 가능한 세계화를 지향할 뿐만 아니라, 다자주의 등에 기반한 정책 패러다임이다.

1990년대 클린턴 행정부가 들어서면서 이러한 신자유주의 정책 프레임이 본격화되었다. 민주당과 공화당의 합의로 금융서비스 현대화법 등을 통해 상업 및 투자은행의 겸업을 허용했다. 뿐만 아니라 통신법 등을 통해 정보통신 분야 규제를 완화하면서 실리콘 밸리의 기술혁신을 촉진시키는 등 금융과 정보통신 분야를 중심으로 자유시장과 경쟁을 강화하기 위한 법제화 작업을 마무리했다. 이와 같은 신자유주의 정책 프레임으로 인해 자유무역이 증가하면서 세계화가 빠르게 확산되었다. 동시에 경쟁에 의한 혁신 등이 촉진되면서 효율성 향상 등의 순기능이 작동되었다.

신자유주의 정책 프레임은 역기능도 존재했다. 대표적인 것으로, 효율성 등을 강조하면서 불평등이 심화되었고 중국의 위협 등이 부각되기 시작했다는 점이다. 특히 클린턴 행정부에서 중국에 대해 무역 최혜국 지위를 부여하고 세계무역기구(WTO) 가입 등을 지원하는 등 중국이 미국의 패권에 도전할 수 있는 계기가 되었다. 이에 따라 중국의 위협이 본격화되면서 정책 패러다임이 경제문제에서 안보문제로 전환되는 크나큰 계기가 되기도 했다. 2008년 서브프라임 모기지론으로 촉발된 미국발 글로벌 금융위기 이후 이를 극복하는 과정에서 고용 없는 더딘 경기회복 등으로 양극화가 심화되었고, 경제안보 등이 부각되면서 새로운 정책 프레임에 대한 필요성 등이 증가되기 시작했다.

트럼프 2.0 시대를 맞아
네오포퓰리즘으로 바뀐 정책 패러다임

2017년부터 트럼프 1.0 시대에서는 보호무역과 고율 관세를 앞세워 대중국 무역전쟁을 기획했다. 또한 이민을 억제하거나 리쇼어링을 추진하는 등 국가안보와 경제를 동일시하는 새로운 정책 패러다임을 제시했다. 즉 미국의 이익을 최우선시하는 경제적 민족주의와 더불어 부패하고 이기적인 엘리트가 아닌 국민들을 중시하는 포퓰리즘에 기반한 새로운 정책 패러다임이다.

특히 패권국으로서의 역할을 축소하고, 미국의 이익을 최우선으로 하겠다는 미국 우선주의가 고립주의적 대외정책으로 발휘되었다. 이러한 대외정책 기조는 거래적 동맹관으로 구체화되었다. 트럼프 1.0 시대에서는 이러한 새로운 정책 패러다임에도 불구하고 감세, 규제 완화 등 기존 신자유주의 정책 프레임도 혼합에서 적용했다.

2021년부터 바이든 행정부에서는 보호무역과 고율 관세 등 대중 정책 등에서는 트럼프 1.0 시대를 계승했다. 그러면서도 인프라투자 및 고용법(IIJA), 인플레이션 감축법(IRA), 반도체 칩과 과학법(CHIPS and Science Act) 등 산업정책 및 복지증진과 같은 정부 역할을 확대하는 동시에 암호화폐 등 비은행 부문의 규제를 강화했다. 이와 같이 바이든 행정부 정책의 경우 기후대응, 에너지, 국제관계 등에서 트럼프 1.0 시대와 확연한 차이를 보이지만 전기차, 반도체 등 핵심 안보산업을 중심으로 한 미국의 재산업화가 중요하다는 인식은 공유하고 있었다.

바야흐로 트럼프 2.0 시대에는 '미국을 다시 위대하게(MAGA, Make America Great Again)'라는 목표를 달성하기 위해 감세, 규제 완화 등의 신자유주의적 정책 프레임 요소들이 잔존한다. 그러나 관세 인상 등 보호무역주의 강화, 제조업 리쇼어링, 이민정책 전환, 국익중심의 고립주의 정책 기조가 강화될 것이다. 그 이면에는 새로운 시대정신인 '네오포퓰리즘'이 부상하고 있다는 증거다. 네오포퓰리즘은 신자유주의 정책 패러다임의 한계를 극복하기 위해 트럼프의 포퓰리즘 메시지를 기반으로 한다. 즉 소비보다는 생산, 금융보다는 노동, 가치이전이 아닌 가치창조 중시, 보편관세를 통한 제조업 리쇼어링, 실질임금 인상 및 노동조합 지지, 필요 시 산업정책 및 반독점 조치 수용 등을 통해 다인종 노동계층 연합의 지지를 공고화하기 위한 이론적 체계화를 추구한다.

이와 같이 트럼프 2.0 시대에서는 관세 인상 등 보호무역주의 확대 등을 기반으로 제조업 중시, 중국 억제 기조, 국익 중심의 고립주의 등은 더욱 강화될 것으로 예상된다. 시대정신이 신자유주의에서 네오포퓰리즘으로 미국의 정책 패러다임이 바뀌는 과도기적 시기인 만큼 글로벌 정치·경제질서에 있어서도 격변기를 맞을 것으로 판단된다.

삼박자 갖춘 트럼프 2기의 정책 및 금융시장의 변화 포인트

트럼프 2.0 시대 초반에는 감세 및 규제 완화 등으로
경기 부양효과가 나타나면서 완만한 성장세가 지속될 수 있을 것으로 예상된다.
하지만 중장기적으로는 보호무역주의, 이민제한 등으로 인한
인플레이션 압력이 확대되면서 장기금리의 상승이 예상된다.

대통령 선거에서 고른 대중적 지지를 획득했을 뿐만 아니라 상·하원 모두 공화당이 승리함에 따라 의회 권력의 지원이 가능하며, 충성심 강한 내각 구성 등 3박자를 갖춘 트럼프 2.0 시대가 개막되었다. 트럼프 2.0 시대 경제정책의 경우 '미국을 다시 위대하게'라는 슬로건처럼 철저하게 미국 우선주의에 기반해 수립되고 추진될 것이다.

이에 따라 미국 경제 회복을 위한 물가 안정, 규제 완화, 에너지 독립 등의 정책을 유지하고 강화하는 가운데 미국 우선주의에 기반한 통상 및 산업 정책 확대가 전망된다. 트럼프 2.0 시대에서는 세제,

재정 및 통화, 에너지, 제조업 등에서 정책변화가 일어날 것이다.

먼저, 세제측면에서는 법인세 인하(현행 21% → 15%) 등의 감세뿐만 아니라 세금 공제 확대 및 규제 완화로 소비와 경제 성장 촉진을 추구할 것이다.

둘째, 재정 및 통화 측면에서는 경기 활성화를 위한 금리 정상화, 정부 예산 삭감, 가상화폐 산업 육성 등이 시행될 것이다. 그중 금리 정상화 측면에서 트럼프 1.0 시대에서는 경기 부양을 위해 저금리와 양적 완화에 중점을 둔 통화정책을 시행했으며, 연준에 금리 인하를 거듭 촉구함에 따라 실제 연준은 2019년에 세 차례 금리 인하를 단행했다. 정부 예산 측면에서 일론 머스크(Elon Musk)의 제안에 따라 정부효율부(DOGE, Department of Government Efficiency)를 창설하고, 연방정부 재정 및 성과에 대한 감사 실시 및 과감한 개혁 등을 통해 불필요한 연방정부 예산 삭감 등 정부 재정 효율성을 제고할 것이다.

셋째, 에너지 정책 측면에서는 미국 내 전통에너지 생산 확대를 통한 에너지 안보 및 자립 등을 촉진할 뿐만 아니라 인플레이션 감축법(IRA) 보조금 삭감 등 바이든 행정부의 친환경 정책 축소 및 철회 등을 추진할 것이다. 미국 내 에너지 생산 촉진 및 민간에너지 혁신, 전통적 화석연료 산업 확대, 에너지 규제 완화 및 철폐 등을 통한 에너지 가격 안정화, 전력 공급 단가 인하로 궁극적으로 물가 안정 달성을 목표로 한다. 특히 에너지 규제 완화 및 철폐 측면에서 화석연료 생산 제한 폐지, 생산업체 세금 감면을 통한 투자 및 생산 장려, 연방정부 토지 내 석유·가스 시추 허가 완화 및 승인 절차 간소화, 천연가스 파이프라인에 대한 규제 완화 등을 통해 전통에너지의 생산을 확대할 것이다.

이러한 환경하에서 미국 에너지 정책을 총괄할 국가에너지위원회(NEC, National Energy Council) 의장으로는 내무부(Department of the Interior) 장관에도 지명된 더그 버검(Doug Burgum)이 지명되었다. NEC는 트럼프 2.0에서 새롭게 출범하는 기구로, 미국 에너지의 허가·생산·발전·유통·규제·운송 업무를 수행하는 모든 관련 부처 및 기관으로 구성될 것이며, 관료적 절차의 간소화를 진행할 뿐만 아니라 민간 부문의 투자 유치 등을 활성화시킬 것이다.

내무부는 미국의 국유·공유지, 국립공원, 야생동물 보호구역 등 연방정부가 관리하는 토지를 담당하고, 석유와 가스 시추, 풍력과 태양광발전 관련 부지를 임대하는 업무도 담당한다. 더그 버검은 석유 및 가스 생산 중심지인 노스다코타 주지사로 화석연료 산업에 대한 강력한 지지 입장을 보여왔다. 이에 따라 연방토지 시추허가뿐만 아니라 석유 및 천연가스 등 화석연료 생산 확대 및 규제 완화 등을 추진하는 에너지 정책이 본격화될 것이다.

에너지부(Department of Energy) 장관으로는 크리스 라이트(Chris Wright) 리버티에너지 설립자 겸 최고경영자(CEO)가 지명되었다. 라이트는 석유·천연가스 개발을 옹호하면서 지구온난화 등 기후위기를 부정해왔다. 특히 라이트는 1992년 피너클테크놀로지스라는 기업을 설립해 2006년까지 이끌었는데, 이 기업은 셰일가스 추출 공법인 프래킹(fracking, 수압 파쇄법)을 개발해 셰일가스 생산을 주도했다. 2011년에는 또 다른 프래킹 전문 기업 리버티에너지를 창업해 지금까지 경영해왔다.

라이트는 에너지부 장관으로 임명된 후 첫 번째 주요 업무로 바이든 행정부가 중단한 LNG 수출 터미널 승인 절차를 재개하고, 미국의 에너지 수출을 더욱 촉진하는 방향으로 정책을 전환할 것으로 예상된다.

다른 한편으로는 원자력 규제 위원회(NRC) 인허가 과정의 현대화(Modernization), 기존 원자력 발전소 재가동으로 안정적 전력 공급, 혁신적인 SMR(소형모듈형원전) 개발 투자로 전력 수급 확대 등 원전 이용을 확대할 예정이다. 반면에 인플레이션 감축법(IRA) 친환경차 보조금 삭감, 전기차 의무화 및 자동차 탄소 배출량 감축 정책 등 기존의 친환경 정책 철회, 파리기후협정 재탈퇴, ESG 정책 중단을 통해 미국 에너지 정책의 자율성을 확보할 예정이다.

넷째, 제조업 측면에서 제조업 부흥, 기술 혁신 장려 및 자국 산업 기반 확대를 통해 경제 성장을 촉진할 예정이다. '미국산 우선구매(Buy American)' 정책을 통한 자국 산업 기반 확대 및 제조업 수요 증대뿐만 아니라 기존 인센티브 기반과는 달리 관세를 기반으로 제조업과 핵심 산업을 미국 내로 재배치하는 공급망 정책의 강화 움직임도 나타날 것이다. 이와 같이 기업의 제조 공장 미국 내 이전 및 설립 장려로 일자리를 창출하고, 미국 내 경제 활동 촉진 및 국내 제조업 등을 강화시킬 수 있을 것이다.

트럼프 2.0 시대의
'보호무역주의'로 대변되는 통상정책

———————●———————

트럼프 2.0 시대 통상정책의 경우 트럼프의 경제철학을 가장 잘 대변할 수 있을 뿐만 아니라 전 세계적으로 가장 큰 영향을 미칠 수 있기 때문에 더욱 그러할 것이다. 미국은 기축통화인 달러를 마음대로 찍어낼 수 있음에도 불구하고 트럼프는 '교역은 단순 국가 간 거래이며, 무역적자는 경제적 손실이므로 나쁜 것'이라는 입장이다. 이에 따라 트럼프 경제정책 중 무역적자 해결이 최우선 과제로 떠오르고 있으며, 이를 위해 관세 등 보호무역 수단을 적극적으로 활용하면서 다자간 협상보다는 직접적인 양자 간 협상을 통해 유리한 결과를 도출할 것이다.

관세를 중심으로 보호무역 성향은 트럼프 2.0 통상 분야 공약에 명확하게 나타나 있다. 먼저 대규모 무역적자 상대국인 중국에 대해서는 항구적 정상무역관계 지위 철회, 60% 관세 부과(우회수출도 차단), 수출통제 범위 확대, 투자 규제 등 강력한 제재를 예고하고 있다.

무엇보다 트럼프 1.0 당시에는 특정 국가와 특정 품목에만 관세를 부과한 것과 달리 트럼프 2.0 시대에서는 모든 수입품에 대해 보편적 관세 부과(10~20%), 상호무역법(Reciprocal Trade Act) 제정(대미 관세 부과 국가에 동등한 보복 관세), 무역흑자국과 환율조작국에 징벌적 관세 부과 등 전방위적인 보호무역 확대를 공언했다. 이에 따라 멕시코와 캐나다에서 미국으로 들어오는 모든 제품에 25%의 관세를 부과하고, 중국에서 수입되는 제품에 기존 관세에 더해 10% 추가 관세를 부과하겠다고 밝혔다. 명목상으로는 트럼프 대통령은 멕시코와 캐나다가 불법 이민과 마약 밀수에 적절히 대응하지 못했으며, 중국은 마약계 진통제인 펜타닐 생산 관련 범죄자에게 사형을 선고하겠다는 약속을 지키지 않았다고 비난했다. 그러면서 해당 문제가 해결될 때까지 관세가 유지될 것이라고 언급했다.

실질적으로 트럼프 대통령이 멕시코와 캐나다, 중국 등에 대해 고율 관세를 부과하려는 이유는 미국의 막대한 무역적자 때문이다. 2023년 기준 멕시코, 캐나다, 중국은 미국의 1, 2, 3위 교역국이다. 최대 교역국을 타깃팅해 관세 압박을 통해 미국 우선주의를 실현하겠다는 의지를 표명한 것이다. 무엇보다 미국과 자유무역협정(FTA)을 체결한 국가 혹은 동맹국에도 고율 관세를 부과하겠다는 점이 인상 깊다. 이에 따라 트럼프 2.0 시대에서는 정치적 이해득실과 국익을 위해서라면 동맹국이라도 개의치 않고 압박할 가능성이 크다.

다른 한편으로는 트럼프 1.0 시대에 세이프가드 조치는 특히 미국 기업 월풀과 수니바가 미국 국제무역위원회(USITC)에 해외 수입으로 인해 자국 산업에 중대한 피해가 발생했다는 청원서를 보낸 후 조사가 개시되었다. 이에 따라 트럼프 2.0 시대에는 미국 기업의 외국 대미 수출 기업에 대한 세이프가드 청원 가능성이 상당히 높을 것으로 예상된다.

이러한 트럼프 2.0 시대 고율 관세 부과 정책을 강력하게 추진할 투톱인 상무장관과 무역대표부(USTR) 대표로 캔터 피츠제럴드 최고

경영자(CEO)인 하워드 러트닉과 전 USTR 대표 비서실장인 제이미슨 그리어를 각각 지명했다. 러트닉은 1983년 투자은행 캔터 피츠제럴드에 입사해 29세 때 회장 겸 CEO에 오른 입지전적인 인물이다. 러트닉은 트럼프 후보에게 거액의 선거 자금을 후원하면서 그의 관세와 제조업 기반 강화 공약을 적극 지지해왔다. 러트닉은 향후 중국에 고율 관세를 적용하는 사안과 관련해 주도적 역할을 맡을 것으로 예상된다.

그리어는 트럼프 대통령의 무역과 관세 분야의 책사이면서 트럼프 1.0 시대 고율 관세 부과를 비롯해 중국과의 무역·관세 전쟁을 이끌었던 로버트 라이트하이저 전 USTR 대표의 분신이라는 말을 들어왔다. 무역과 국제통상법에 정통한 변호사인 그리어는 중국 기업이 미국 관세를 회피하고자 다른 나라로 이전하는 것을 차단해야 한다고 주장해왔다. 또한 그리어는 미국이 중국에 대한 항구적 정상무역관계(PNTR) 지위를 철회하고 중국산 제품에 추가 고율 관세를 부과해야 한다고 강조했다.

재정적자 축소, 성장률 개선, 에너지 생산 확대 등 3-3-3 경제정책

재무장관은 연방정부 경제 정책을 총괄하는 자리로 세금과 국가 부채, 경제제재 등 다방면에서 막강한 권한을 가진다. 트럼프 2.0 시대의 재무장관은 스콧 베센트가 지명되었다. 이는 곧 경제성장, 물가안정, 증시 부양 기조는 유지하겠다는 결의를 드러낸 것이다.

베센트는 예일대학교에서 정치학을 전공한 후 월가에서 30년 이상 일한 경력과 조지 소로스가 운용하는 헤지펀드에서 최고투자책임자(CIO)를 역임하면서 높은 수익을 기록한 것으로 유명하다. 현재는 키스퀘어그룹을 설립해 운영중이다.

베센트는 과거 일본의 아베 총리가 자국의 경제 부흥을 위해 금융·재정·성장 정책을 동시에 펼치는 등 3개의 화살을 핵심 경제 정책으로 주장한 것과 같이 트럼프에게 '① 2028년까지 재정적자를 GDP 대비 3% 수준까지 축소, ② 규제 완화 등을 통해 GDP 성장률을 3% 수준으로 개선, ③ 일일 3백만 배럴 규모의 원유 증산 혹은 이와 동등한 수준의 에너지 생산 확대' 등이 골자인 '3-3-3 경제정책'을 제시했다. 현재 GDP 대비 6~7% 수준인 미국의 재정적자는 국가 부채 증가의 주요 원인이자 금융시장 불안정성의 핵심 요인이다. 베센트가 제시한 3% 목표는 단순한 수치 조정이 아닌 기본 재정 수지 흑자 전환을 통한 지속가능한 재정 기반 구축을 의미한다.

베센트의 이러한 재정적자 축소는 지출 통제에서 출발한다. 트럼프 2.0 시대의 감세 공약은 그대로 유지하면서 정부지출을 줄이는 조치를 병행할 것으로 보인다. 즉 세금 감면 등으로 지출이 늘어날 때 다른 분야의 지출을 삭감하거나 세수를 증대해 전체적인 재정 균형을 유지하는 조처다. 이에 따라 비국방 부문의 재량 지출 동결, 전기차 보조금 및 인플레이션 감축법(IRA) 개편 등을 추진해야 한다는 의견 등을 피력하고 있다. 베센트의 3-3-3 경제정책의 1순위가 재정적자 축소라면, 이를 구현하는 주요 수단은 경제성장이다. 즉 경제성장으로 세수를 늘려야 한다.

최근 2년간 미국이 3% 이상의 성장률을 기록한 것은 이민자 유입 증가에 크게 기인했다. 트럼프의 이민 제한 정책이 실행될 경우 노동력 공급 제약으로 성장 동력이 약화될 수 있다. 이를 극복하기 위해서 베센트는 AI 기술 혁신을 통한 생산성 향상, 규제 완화를 통한 기업 활력 제고, 미국 내 유휴 노동력 활용 등 다각적인 접근을 제시하고 있다.

마지막으로 에너지와 휘발유 가격이 인플레이션 지표의 핵심 요소이기 때문에 일일 300만 배럴 규모의 원유 증산 혹은 이와 동등한 수준의 에너지 생산 확대 등을 통해 미국의 에너지 가격을 낮출 수 있다면 기대 인플레이션도 낮아질 수 있을 것이다.

재정 확대, 보호무역주의, 이민제한 등으로
인플레이션 우려 심화

———•———

트럼프 2.0 시대에는 공화당의 의회 과반수 확보로 트럼프 대통령의 정책 입안이 수월해짐에 따라 확정적 재정운용이 가능해졌다. 이러한 환경하에서 트럼프의 경제 공약인 대규모 세금 감면 및 경기 부양책을 지탱하려면 대규모 국채 발행이 불가피하다.

현재 단기국채 발행이 한계에 도달하며 미국 재정 여력에 제약이 불가피한 상황이므로 트럼프 2.0 시대에는 단기 국채로 재정 여력을 확보하기는 어려울 것으로 판단된다. 이에 따라 트럼프 2.0 시대의 재정 확대 시 10년물과 30년물 장기국채를 발행할 것으로 예상되며, 이에 따라 시장은 장기국채 금리가 미국 연준의 금리인하에도 불구하고 상승할 것으로 예상된다. 이와 같은 국채금리 상승으로 말미암아 미국 연준의 금리인하 속도가 늦춰지면서 중단기적으로 달러 상승 압력이 높아질 수 있다.

인플레이션 측면에서는 보편관세와 대중관세가 실현될 경우 수입 물가 상승과 보복관세 위험이 높아져 인플레 재발 위험이 높아질 수 있다. 이와 더불어 이민 제한과 불법 이민자(약 1,100만 명 추정) 추방으로 노동 공급이 감소하면 서비스 부문을 중심으로 임금이 올라 물가 상승 압력이 심화될 수 있다. 이와 같은 재정 확대, 보호무역주의, 이민 제한 등으로 인플레이션 우려가 고개를 들게 되면 금리인하 유보 가능성이 점점 더 커질 것이다. 또한 감세 정책으로 인한 경기 과열 우려도 금리인하 사이클 지속 전망을 축소하는 요인으로 작용하고 있다.

단기적으로 연준이 금리인하로 버텨주면 달러 상승 압력이 완화된다. 그러나 트럼프 2.0 시대에 보편 관세와 대중 관세 공약을 지속적으로 이행할 경우, 장기적으로 투자심리와 교역 위축, 공급망 혼란 등이 글로벌 경기둔화로 확대되며 강력한 강달러 요인으로 작용할 것이다. 또한 보호무역주의로 달러화 공급이 줄고 미국 외 지역의 경제성장이 억제되면 안전자산으로서 달러화 매력이 상승할 수 있을 것이다.

이와 같이 트럼프 2.0 시대에 유동성 및 재정 확대 양상이 지속될 경우 인플레이션 시대에 돌입할 가능성이 높다. 만약 인플레이션을 억제하기 위해 고금리 기조를 유지해야 한다면, 경기침체가 발생한다 하더라도 경기 부양을 위해 취할 수 있는 조치가 제한적일 수 있을 것이다.

트럼프 2.0 시대 초반에는 감세 및 규제 완화 등으로 경기 부양효과가 나타나면서 완만한 성장세가 지속될 수 있을 것으로 예상된다. 그러나 중장기적으로는 보호무역주의, 이민 제한 등으로 인한 인플레이션 압력이 확대됨에 따라 통화 완화 제약으로 긴축적 금융상황이 전개되면서 재정적자 등으로 장기금리 상승이 예상된다.

트럼프 2.0 시대를 맞아 꼭 주목해야 할 4가지 테마

트럼프 2.0 시대 초반에는 바이든 정부에서 행해진
각종 에너지·환경·기술 규제를 취소하는 정책을 추진할 것이다.
우리나라 주식시장에서도 트럼프 2.0 시대의 정책 패러다임 변화로
오히려 기회가 될 수 있는 4가지 테마 기업에 주목해야 한다.

통상적으로 미국 대통령은 취임 직후 연속적인 행정명령을 통해
전 정부 정책을 무효로 하거나, 자신의 중점 정책 추진을 위한 토대
마련에 주력한다. 이에 따라 이례적으로 비연속 재선에 성공한 트럼
프 대통령이 1.0 시대에 추진했던 정책을 적극적으로 복원할 뿐만
아니라 조정, 확대, 강화할 것으로 예상된다. 범정부 차원의 규제 완
화도 추진할 것으로 기대된다.

대통령 선거 이후 12일 동안 12개 장관급 인선을 완료하는 등 역
대 최단기 내각을 구성했으며, 외곽 자문기관들을 통해 중점 추진
정책에 대한 선행 연구가 완료된 상황이다. 트럼프 2.0 시대에는 1.0

시대와 비교했을 때 훨씬 조직적이고 체계적인 초반 정책 추진이 예상된다.

트럼프 2.0 시대 초반에는 바이든 정부의 각종 에너지·환경·기술 규제를 취소하는 정책을 추진할 것이다. 즉 LNG 수출 규제, 국내 석유·가스 시추 규제 및 가스 파이프라인 건설 중단, 상장기업 대상 기후 공지 의무화 등 전임 정부가 적극적으로 추진해온 각종 기후변화 대응 정책 등을 전면 폐기할 것이다. 또한 국경 단속 강화 및 대대적 불법 이민자 검속과 추방 등이 단행될 것이며, 미국 우선주의에 입각한 강력한 보호무역 조치가 시행될 것이다.

이와 함께 소득세, 법인세 등 파격적 감세 정책을 통해 경기 부양을 추진할 것이며, 금융, 기술, 환경, 건설 등 전방위 규제 철폐로 경제 활력 등을 제고할 것이다. 무엇보다 외교·안보, 이민, 환율 등 대외 정책 해결을 위해 관세 무기화가 가시화될 것이며, 대중관계에 있어서 무역, 투자, 기술, 공급망 등 전방위적인 디커플링이 추진될 것이다.

이와 같이 트럼프 2.0 시대에 들어서면서 정책 패러다임의 변화로 전 세계적으로 관련 종목들의 수혜 및 피해 현상이 극명하게 드러날 것이다. 이에 따라 우리나라 주식시장에서도 트럼프 2.0 시대의 정책 패러다임 변화에 따라 오히려 기회가 될 수 있는 4가지 테마 기업에 주목해야 한다.

테마 1: 트럼프 2기의 에너지 정책이
LNG 및 원자력 르네상스를 이끈다

트럼프 2.0 시대 에너지 정책은 환경규제 완화 등을 통해 에너지 산업의 경쟁력을 강화함으로써 자국 내 에너지 비용을 줄이려는 의도다. 이와 같은 화석연료 활성화 계획에 따라 대대적인 석유·천연가스 개발과 생산에 나서면서 LNG 수출이 확대될 것이다.

먼저 LNG 프로젝트 및 수출 관련 규제를 완화시켜 LNG 프로젝트 및 수출 승인 등을 통해 생산을 증가시킬 것이다. 이에 따라 신규 LNG 수출허가 중단 조치를 철회하고, 현재 허가를 기다리고 있는 프로젝트를 신속히 처리하는 것도 우선적으로 추진될 것이다. 또한 LNG 터미널 허가 절차를 간소화할 뿐만 아니라 LNG 장기수출허가를 2050년까지 연장하는 것을 허용할 것이다.

무엇보다 현재 미국 내 운영중인 LNG 수출터미널은 총 7개다. 신규 건설중인 터미널은 5개로 완공될 경우 미국 LNG 수출량은 2029년까지 2배 가까이 증가할 것으로 전망된다. 향후 LNG 수출터미널 허가 승인이 확대될 것으로 예상됨에 따라 LNG 수출량의 추가 증가가 전망된다.

이러한 환경하에서 우리나라는 글로벌 3대 LNG 수입국으로서 아시아 LNG 수출전략에서 중요한 교두보가 될 전망이다. 이에 따라 미국산 LNG 수입 증가로 비즈니스를 확대할 수 있는 기업이나 LNG 관련 프로젝트 증가로 신규 수주가 확대될 수 있는 기업에 주목해야 한다.

다른 한편으로는 2020년대 접어들면서 AI, 반도체, 전기차 등이 본격적으로 성장하면서 에너지 수요도 증가하고 있다. 특히 AI 등으로 인한 데이터센터 건설 등으로 전력 사용량 증대가 예상된다. 그런데 석탄 등 화석연료의 경우 탄소를 배출해 기후 위기를 심화시킬 수 있으며, 태양광, 풍력 등 신재생에너지는 자연환경 변화에 영향을 많이 받아 안정적인 전력 공급이 어렵다. 이에 따라 탄소배출이 없는 무탄소에너지(CFE)인 원전이 각광받고 있다.

이러한 탄소배출 감축 등 기후변화 대응을 넘어서 국가안보 측면에서도 안정적 전력공급원을 통한 에너지 자립도를 높이기 위해 원전이 확대될 것으로 예상된다. 특히 유럽에서는 탄소 중립과 함께 2022년 러시아의 우크라이나 침공 이후 에너지 안보 측면에서도 원전수요가 증가하는 추세에 있다.

트럼프 2.0 시대에서도 원자력 규제 위원회(NRC) 인허가 과정의 현대화(Modernization), 기존 원자력 발전소 재가동으로 안정적 전력 공급, 혁신적인 SMR 개발 투자로 전력 수급 확대 등 원전 이용을 확대할 예정이다.

이와 같이 미국 우선(America First) 에너지 정책에 따라 원전에 대한 정부 지원 증가가 예상될 뿐만 아니라 재생에너지 관련 예산 조정 과정 속에서 원전의 수혜 가능성도 존재한다. 무엇보다 빅테크들이 데이터센터 가동을 위해 원전을 선택하고 있다는 점 등을 고려할 때 원전의 지속적인 호황이 예상된다. 궁극적으로 원전이 미국의 에너지 안보와 청정에너지 목표 달성을 동시에 이루는 데 기여할 수 있을 것이다. 이러한 글로벌 원전 수요 증가로 신규 수주 등이 확대될 수 있는 기업에 주목해야 할 것이다.

트럼프 2.0 시대의 LNG 및 원전 관련 투자 유망주

한국가스공사, 포스코인터내셔널, SNT에너지, 비에이치아이, 성광벤드, 동성화인텍, 오리엔탈정공, LS에코에너지, 두산에너빌리티, 한전기술, 삼성물산, 콘스텔레이션 에너지(CEG), 비스트라 에너지(VST), GE 버노바(GEV), 뉴스케일파워(SMR), 플로우서브(FLS)

테마 2: 규제 완화 및 패권전쟁으로
AI, 로봇 산업이 뜬다

———————•———————

트럼프 2.0 시대에는 AI 맨해튼 프로젝트를 추진할 것이다. 이는 2차 세계대전 당시 핵무기를 개발해 국제 안보 지형을 바꿔가면서 패권을 장악했듯이 이번 경우에는 AI 등으로 기술 헤게모니를 확고히 하겠다는 선언이다. 즉 AI를 통한 국가 안보 강화뿐만 아니라 중국 등 경쟁국을 압도할 수 있는 기술적 우위를 확보하려는 의지가 담겨 있다.

이러한 환경하에서 테슬라 최고경영자(CEO)인 일론 머스크가 트럼프 2.0 시대에 신설된 정부효율부(DOGE, Department of Government

Efficiency) 수장으로 임명되었다. 이러한 정부효율부(DOGE)는 연방 정부의 재정 및 성과에 대한 감사를 수행함으로써 규제 완화, 행정 감축, 비용 절감의 3가지 주요 개혁에 초점을 맞출 것으로 예상된다. 결국에는 정부 관료제의 비효율성을 제거하는 동시에 기업가적인 혁신정신을 정부 운영에 도입함으로써 정부의 AI 등 다양한 기술에 대한 규제 완화가 가속화되면서 관련 산업 성장에 기여할 것이다.

무엇보다 트럼프 2.0 시대에서는 규제 환경을 완화시켜 AI 기업들의 규정 준수 부담을 줄일 뿐만 아니라 혁신적이고 친화적인 분위기를 조성할 가능성이 높다. 먼저 AI 기반 자율주행 알고리즘을 기반으로 교통 부문 혁신을 촉진시키기 위해 자율주행차에 대한 규제 완화 및 지원을 강화할 것이다. 또한 AI가 국방 및 방산 분야에 활용될 경우 군사적 우위를 놓고 경쟁하는 여타 국가들에 비해 확실한 기술적 우위를 차지할 수 있을 것이다. 특히 미국의 경우 현재 글로벌 군사적 패권을 놓고 중국과 국방 및 방위산업 분야에서 치열한 경쟁과 대립구도를 형성하고 있어서 AI 활용을 증가시킬 수 있는 요인이 될 수 있을 것이다.

이러한 환경하에서 트럼프 2.0 시대에는 글로벌 산업 전반에 걸쳐 AI 기술이 혁신을 주도하면서 산업 구조의 변화가 가속화될 것이다. 즉 그동안은 AI 학습 및 활용을 위한 데이터 수집, 구매, 구축 컨설팅, 분석 등과 연계된 생태계 등 공급자 중심의 시장이었으나 향후에는 AI를 활용해 제품 및 서비스를 생산하고 제공하는 영역인 수요자 중심의 시장으로 변화될 것이다.

특히 헬스케어 부문의 경우 AI의 접목이 빠르게 이루지고 있다. AI로 인해 방대한 양의 의료 데이터를 구축하고 이를 분석 및 해석함으로써 각종 질병의 예방, 진단, 치료, 관리 등 의료서비스의 전 주기에 걸쳐 혁신적인 변화가 일어나고 있다.

다른 한편으로 트럼프 2.0 시대에는 전 세계적인 노동력 부족, 인건비 상승 및 고령화 등 사회구조적 변화, 리쇼어링 등 글로벌 공급망 재편으로 인해 로봇 도입이 점차 가속화되는 추세가 될 것이다. 챗GPT를 비롯한 거대언어모델(LLM) 기반 생성형 AI가 인간의 능력 중 대화하고 추론하는 것을 흉내 낸 AI라면, 휴머노이드는 인간의 감각과 동작, 판단까지 모방하는 물리적 신체를 가진 AI다.

이렇듯 사람 형태를 모방한 휴머노이드 로봇은 물건 운반과 정리·위험물 처리·구조 활동 등 일반 로봇에 비해 쓰임새와 잠재력이 훨씬 클 것으로 기대된다. 이에 따라 삼성전자를 비롯해 빅테크 기업들은 AI 기술을 물리적으로 구현할 플랫폼인 로봇 시장 진출을 가속화하고 있다.

트럼프 2.0 시대에는 금융, 제조, 소매, 자율주행, 헬스케어, 로봇, 온디바이스 AI, 보안 등 글로벌 산업 전반에 걸쳐 AI 등의 도입이 본격화되면서 산업구조의 혁신적인 변화뿐만 아니라 AI 및 로봇 성장세에 불을 당길 것이다. AI 및 로봇 대중화로 시장 규모가 본격적으로 커질 것으로 예상됨에 따라 이러한 성장세에 수혜를 받을 수 있는 기업에 주목해야 할 것이다.

삼성전자, 고영, HL홀딩스, 루닛, 더존비즈온, 케이아이엔엑스, 제이브이엠, 삼성에스디에스, 팔란티어 테크놀로지(PLTR), 로블록스(RBLX), 메타 플랫폼스(META), 오라클(ORCL), 세일즈포스(CRM), 서비스나우(NOW)

테마 3: 아르테미스 프로젝트, 우주군,
민간 우주경제 성장이 본격화된다

중국의 창어 4호가 달 뒷면에 착륙한 지 넉달 뒤인 2019년 5월, NASA는 그리스 신화에 등장하는 달 여신의 이름을 본따서 아르테미스(Artemis) 프로젝트를 마련했다. 달의 남극 지역에서의 유인 달 탐사 활동을 중심으로 하는 아르테미스 프로젝트는 1972년 아폴로 17호 이후 명맥이 끊긴 미국의 유인 달 탐사를 약 50년 만에 다시 시작하는 것이다.

아르테미스 프로젝트는 달의 장기적 탐사 및 활용, 이를 통한 유인 화성 탐사 준비를 주요 목적으로 하고 있다. 단기 목표는 2027년까지 달의 남극 지역에 미국인 우주비행사 착륙에 성공하는 것이다. 장기 목표는 달의 남극 지역에 아르테미스 베이스 캠프 구축 및 2030년대 화성 유인 탐사를 위한 활동 준비계획을 마련하는 것이다.

이처럼 NASA는 아르테미스 프로젝트를 통해 우주 개발과 우주 활용을 위한 혁신적인 신기술과 시스템을 개발하고, 달 탐사를 발판 삼아 화성을 포함한 심우주 탐사로 도약하겠다는 목표를 세우고 있다. 무엇보다 미국과 중국의 패권 다툼 등으로 달 탐사를 둘러싸고 경쟁이 격화하고 있어서 트럼프 2.0 시대 미국의 아르테미스 프로젝트 등이 본격화될 수 있다.

트럼프 2.0 시대 우주정책의 기본 방향은 지구 근궤도에서 강력한 제조 산업을 건설하고, 우주비행사를 달과 화성으로 보내며, 빠르게 확장하는 민간 우주 부문과의 협력을 강화해 우주에 접근하고, 거주하고, 우주 자산을 개발하는 능력을 혁신적으로 발전시키는 것이다. 이에 따라 트럼프 2.0 시대에는 더 강력한 미우주군, 미국의 가치에 유리한 국제 환경을 형성할 달과 화성 탐사, 민간 우주경제의 급성장 등이 본격화될 것이다.

또한 미국 정부 예산의 효율을 높이기 위해 추진한 민간 주도의 우주사업 방식인 뉴스페이스(New Space)가 더 활성화되면서 민간 우주경제의 성장속도가 빨라질 수 있을 것이다. 이러한 환경하에서 발사체, 관측 위성, 달 착륙 등 탐사의 영역이었던 우주가 저궤도 위성통신 등 차세대 이동통신, 자율주행, 군용 통신, 지상망 연결, 지상 백업 통신망, 위성모바일 통신, 위성 탐사 및 관측, 농업, 항법, 재난 예측 등 산업 생태계를 기반으로 하는 비즈니스 영역으로 진입하면서 민간 우주경제의 급성장을 이끌 것이다.

다른 한편으로는 주한 미우주군이 확대되는 환경하에서 425사업 등 독자 정찰위성 발사를 시작으로 초소형 위성체계 사업 등 정찰위성체계가 본격화되면서 우주개발 성장을 견인할 것이다. 이에 따라 발사체, 관측 위성, 달 착륙 등 우주탐사 및 정찰위성체계와 관련된 기업들과 함께 저궤도 위성통신 성장세에 수혜를 받을 기업에 주목해야 할 것이다.

트럼프 2.0 시대의 우주 관련 투자 유망주

AP위성, 한화시스템, 컨텍, 인텔리안테크, 에이치브이엠, 루미르, 로켓랩(RKLB), 인튜이티브 머신스(LUNR), 세틀로직(SATL), 플래닛랩(PL)

테마 4: 글로벌 자주국방 강화 추세가
방산 부흥을 이끈다

2022년 2월, 러시아의 우크라이나 침공은 단순한 지역 분쟁이 아닌, 1990년대 소련 해체 이후 미국이 주도해온 현존 국제질서에 대한 도전이라는 전략적 함의를 담고 있어서 신냉전체제로 나아가는 국제질서의 대변화가 시작된 것으로 볼 수 있다. 우크라이나 전쟁의 영향으로 세계 국방비 규모와 무기거래가 확대되고 있을 뿐만 아니라 신냉전체제로 인해 민주주의 진영과 권위주의 진영의 충돌과 갈등으로 무기의 블록화가 더욱 심화되고 있다.

무엇보다 국제적으로 안보 불안이 증가해 유럽 각국은 자국의 가치와 사회를 보호하기 위한 무기 구매 등 방어 역량 확충에 나서고 있다. 이와 같은 대규모 재무장은 시작점에 불과하며 향후 신냉전체제 돌입으로 국방비 지출 증가세는 지속될 것으로 예상된다. 이와 함께 중동 내 전쟁 위기의 상시화·구조화로 지정학적 패러다임의 변화가 예상됨에 따라 자주국방 강화를 위한 중동국가의 국방비 지출이 지속적으로 증가할 것이다.

한편 트럼프 2.0 시대에는 미국과 NATO 동맹국과의 관계에도 변화를 가져올 것이다. 즉 미국 우선주의에 입각한 안보 무임승차 불가론을 내세워 NATO 회원국들을 향해 대대적인 방위비 증액 압박에 돌입할 것이다. 미국이 중국 견제에 집중하기 위해 유럽의 방위는 NATO 동맹국들이 보다 적극적으로 책임지라고 압박할 가능성도 크다.

2024년 11월에 개최된 유럽정치공동체(EPC) 정상회의에 참석한 EU 정상들은 유럽의 안보와 경쟁력 강화를 위한 자강 노력의 필요성에 대한 공감대가 형성되었다. 즉 트럼프 2.0 시대에는 유럽의 이익 수호 의지를 바탕으로 미국 의존도를 줄이면서 유럽 스스로 안보 자립을 달성하는 유럽 자강론을 강화해야 한다는 것이다.

이에 따라 EU는 공동 예산의 약 3분의 1을 차지하는 결속기금(cohesion fund)의 사용처 제한을 완화하기로 했다. EU의 이런 정책 변경은 우크라이나전 개전 이래 국방비 지출은 늘려야 하는데 외국 투자가 줄어들어 고통을 겪고 있는 동유럽 회원국들을 대상으로 수혜가 예상된다. 결론적으로 트럼프 2.0 시대에는 동맹국과의 안보 협력보다는 자국 우선주의에 기반한 각자도생 정책 등이 글로벌 자주국방 강화 추세로 이어질 가능성이 높아질 수 있다.

이에 따라 유럽 등 지정학적 리스크가 확대된 국가들은 자체적인 방어 시스템을 구축하기 위해 국방비 지출 확대가 불가피할 것으로 예상된다. 이렇듯 국방비 지출 확대가 예상되는 지역인 유럽, 중동, 동남아, 미국 등으로 방산수출이 가능한 기업들을 주목해야 할 것이다.

트럼프 2.0 시대의 방산 관련 투자 유망주

현대로템, LIG넥스원, 한국항공우주, SNT다이내믹스, STX엔진, 아이쓰리시스템, 비츠로셀, 엠앤씨솔루션, 라인메탈(RHM), RTX(RTX)

PART
02

- 글로벌 1위 LNG 수출국가 쟁탈전! 수출확대 통한 LNG 물동량의 증가
- 글로벌 원전 정책 및 시장, 쉼표에서 크레센도로!
- 트럼프 2.0 시대의 LNG 및 원전 관련 투자 유망주

테마 1: 트럼프 2기의 에너지 정책이 LNG 및 원자력 르네상스를 이끈다

글로벌 1위 LNG 수출국가 쟁탈전!
수출확대 통한 LNG 물동량의 증가

트럼프 2.0 시대 에너지 정책의 의도는 환경규제 완화 등을 통해
에너지 산업의 경쟁력을 강화함으로써 자국 내 에너지 비용을 줄이려는 것이다.
이와 같은 화석연료 활성화 계획에 따라 대대적인
석유·천연가스 개발과 생산에 나서면서 LNG 수출이 확대될 것이다.

천연가스의 경우 수송방법에 따라 LNG(Liquefied Natural Gas, 액화천연가스)와 PNG(Pipeline Natural Gas, 파이프라인 천연가스)로 구분된다. PNG의 경우 지역적 수송 한계를 갖고 있는 데 반해 LNG는 천연가스를 액화해 LNG 전용 운반선을 통해 해상 수송이 이루어진다. 이 때문에 증가하는 글로벌 천연가스 수요의 상당 부분은 LNG가 책임질 것으로 예상된다.

최초의 수출용 LNG 플랜트 건설은 지중해와 접해 있는 마그레브 지역의 알제리 등에서 시작되었으며, 1973년 제1차 중동 석유파동 등으로 인해 이후 인도네시아 등에서 LNG 플랜트가 활발하게 건설됨에 따라 1990년대 말까지 연간 용량 총 3,400만 톤이 준공되면서 글로벌 최대의 LNG수출국이 되었다. 이어서 카타르가 1997년에 LNG를 수출하기 시작했으며, 2004년과 2005년에 대규모 건설에 이어 2009년에는 5,300만 톤의 LNG플랜트를 준공하면서 인도네시아를 제치고 글로벌 수출국 1위의 자리에 올랐다. 그리고 2009년부터 10년간 연간 7,300만 톤의 LNG 생산 능력을 보유하면서 글로벌 최대 공급자의 지위를 유지했다.

그 다음으로 호주는 2008년부터 2012년까지 4년 동안 2,000억 달러를 LNG 프로젝트에 투자해 2019년에 호주의 LNG수출 용량이 연간 8,700만 톤이 되면서 카타르를 제치고 글로벌 최대의 LNG 수출국이 되었다. 특히 미국의 경우 2000년대의 셰일가스 혁명으로 2012년부터 LNG수입터미널이 수출터미널로 바뀌기 시작했다. 2016년 이후 셰일가스가 본격적으로 생산을 개시했으며, 트럼프 1.0 시대인 2017년 이후 LNG 순수출국으로 전환되었다.

무엇보다 우크라이나 사태로 에너지 수급 상황이 악화되면서 러시아산 천연가스를 대체하기 위해 미국 LNG 수출이 증가중에 있다. 이에 따라 미국의 경우 아시아가 최대 판매 지역이었으나 우크라이나 사태 이후 교역 패턴 변경으로 2022년에는 전체 수출량 8,120만 톤의 64% 이상을 유럽에 판매했다. 특히 유럽 국가 중 프랑스, 영국, 스페인, 네덜란드에 집중 공급되면서 미국산 LNG의 유럽 수출량 중 74%가 이들 국가에 공급되었다.

미국의 LNG 수출량의 경우 2016년 76만 7,000톤에 불과했지만

2017년 1,400만 톤, 2020년 4,900만 톤, 2022년 8,120만 톤 등으로 가파르게 증가했다. 2023년에는 미국의 LNG 수출량이 9,120만 톤으로 역사상 최대치를 기록하며 호주와 카타르를 밀어내고 미국이 글로벌 LNG 수출국 1위 자리를 차지했다.

이러한 환경하에서 2019년 11월, 카타르 국영기업 QE(Qatar Energy)는 북부가스전(North Field)에서 생산되는 연간 LNG 생산 규모를 7,700만 톤에서 2027년까지 1억 2,600만 톤으로 확대하는 증산 계획을 발표하며 본격적인 LNG 증산을 추진중에 있다. 이렇게 되면 2025년에는 카타르가 수출국 1위의 자리를 탈환할 수 있게 된다.

그러나 트럼프 2.0 시대에 미국에서 LNG 수출확대 정책이 본격화될 것으로 예상됨에 따라 카타르와 글로벌 1위 LNG 수출국가 자리를 두고 향후 치열한 경쟁이 펼쳐질 것이다.

트럼프 2.0 시대를 맞아
본격화될 전망인 미국의 LNG 수출 확대

트럼프 1.0 시대에는 가스 및 석유 등 미국산 에너지 자원의 개발 촉진 정책을 펼쳤다. 특히 미국산 에너지 수출을 촉진하기 위해 수출 허가를 일원화하는 등 미국의 가스 및 원유 수출 증가에 영향을 미쳤다. 이와 같은 미국산 에너지 수출 촉진 정책으로 인해 미국의 LNG 수출의 경우 2016년 200Bcf에서 트럼프 1.0 시대 1년차에는 700Bcf 이상으로 급증했으며, 2018년에는 1Tcf, 2019년 1.8Tcf, 2020년 2.4Tcf로 더욱더 증대되었다. 원유 수출 역시 2016년에 60만b/d에서 2017년에 110만b/d, 2018년 200만b/d, 2019년 300만b/d, 2020년 320만b/d로 크게 증가했다.

트럼프 2.0 시대 에너지 정책에는 환경규제 완화 등을 통해 에너지 산업의 경쟁력을 강화함으로써 자국 내 에너지 비용을 줄이려는 의도가 내포되어 있다. 이와 같은 화석연료 활성화 계획에 따라 대대적인 석유·천연가스 개발과 생산에 나설 것이다.

먼저 LNG 프로젝트 및 수출 관련 규제를 완화시켜 LNG 프로젝트 및 수출 승인 등을 통해 생산을 증가시킬 것이며, 이와 함께 국공유지 및 해역에서 석유 시추 확대를 본격화할 것이다. 또한 바이든 대통령의 주요 기후정책인 전기차 세액공제뿐만 아니라 석탄 및 가스 화력 발전소의 단계적 폐기를 위한 발전소의 배출량 제한규정 폐기도 예정되어 있다.

특히 바이든 대통령은 2024년 초에 LNG 수출시설 신규 건설에 대한 승인을 무기한 동결했으며, 이에 따라 2024년 8월까지 미국 내 중단된 프로젝트가 12개를 초과한 상황이다. 현재 미국에서 진행중인 LNG 프로젝트는 단계별로 상세설계(UC) 16건, 기본설계(FEED) 17건, 타당성 검토 8건 등이다.

이에 따라 트럼프 2.0 시대에서는 신규 LNG 수출허가 중단 조치를 철회하고, 현재 허가를 기다리고 있는 프로젝트를 신속히 처리하는 것도 우선적으로 추진될 것이다. 또한 LNG 터미널 허가 절차를 간소화할 뿐만 아니라 LNG 장기수출허가를 2050년까지 연장하는 것을 허용할 것이다.

무엇보다 현재 미국 내 운영중인 LNG 수출터미널은 총 7개다. 신규 건설중인 터미널은 5개로, 완공될 경우 미국 LNG 수출량은 2029년까지 2배 가까이 증가할 것으로 전망된다. 향후 LNG 수출터미널 허가 승인이 확대될 것으로 예상됨에 따라 LNG 수출량의 추가 증가가 전망된다.

미국의 아시아 LNG 수출전략에서 중요한 교두보가 될 수 있는 한국

이러한 트럼프 2.0 시대에 미국의 LNG 수출전략의 주요 타깃은 유럽이 될 것으로 예상된다. EU는 40%에 달하는 러시아 천연가스 의존도를 2030년까지 0으로 낮추는 것을 목표로 하기 때문이다.

무엇보다 우크라이나 사태 이후 유럽의 미국산 수입 의존도가 높아진 가운데 우르슬라 폰 데어 라이엔(Ursula von der Leyen) EU 집행위원장이 미국산 LNG를 추가 수입 확대를 제안함에 따라 미국의 LNG 증산 물량 수출 확대의 기반이 마련되었다.

다른 한편으로 우리나라는 글로벌 3대 LNG 수입국으로서 천연가스는 전력 생산의 30%가량을 차지하고 있을 뿐만 아니라 2천만 명이 넘는 가정과 기업들이 도시가스 형태로 공급받고 있다. 또한 향후 석탄발전소가 LNG발전소로 대체되면서 천연가스 수요량이 증가할 것이다. 2023년 기준으로 우리나라의 가스 도입국은 호주가 1,043만 톤으로 전체 도입 물량의 23.6%를 차지해 부동의 1위를 이어갔다. 카타르가 861만 톤으로 19.4%, 말레이시아가 613만 톤으로 13.8%, 미국이 512만 톤으로 11.5%를 차지하며 뒤를 이었다.

무엇보다 카타르와 맺었던 천연가스 장기 계약이 2024년 말부터 만기가 도래함에 따라 이러한 물량을 미국산 LNG로 대체할 가능성이 크다. 왜냐하면 트럼프 2기 출범 이후 자동차·반도체 등 대미 무역흑자가 큰 업종을 중심으로 미국 정부의 통상 압력이 커질 수 있는데, 이러한 미국의 통상 압력을 완화시킬 수 있는 최대 카드가 미국산 LNG 수입이 될 수 있기 때문이다.

이에 따라 트럼프 2.0 시대에 우리나라는 아시아 LNG 수출전략에서 중요한 교두보가 될 전망이다.

한편 트럼프 2.0 시대에는 5개년 시추 계획을 빠르게 수립해 국공유지에서 시추를 확대하기 위해 노력할 것이며, 바이든 대통령이 취임 첫날 중단시킨 키스톤 XL 파이프라인 공사도 허가할 것으로 예상된다. 그러나 해당 송유관 건설을 위한 토지 사용권이 이미 토지 소유주에게 반환되었기 때문에 이러한 조치는 상징적인 의미에 그칠 가능성이 높고, 캐나다산 원유를 미국으로 수송하기 위한 프로젝트는 처음부터 완전히 새롭게 시작할 것이다.

트럼프 2.0 시대에는 미국 의회에 전략비축유(SPR) 보충을 위한 신규 자금도 요청할 것이며, 이로 인해 단기적으로 미국의 원유 수요가 증가하면서 미국 내 원유 생산을 촉진시킬 것이다. 이에 따라 트럼프 2.0 시대에는 미국의 가스 및 석유 생산 증가뿐만 아니라 특히 미국의 LNG 수출확대가 본격화될 것이다.

다른 한편으로는 최근 산업 전반의 전기화 트렌드와 AI 데이터센 터발 전력 수요 폭증으로 전력난이 심화되고 있어서 이러한 전력난 해결이 급선무다. 2023년 기준 미국의 총 발전량은 4,520TWh로, 가스 43%, 석탄 16%, 원자력 18%, 풍력·태양광·지열 등 15%, 수력 6%, 바이오매스 1%, 석유 1% 등으로 분포되어 있다. 이러한 전력 난 해결을 위해 재생에너지의 간헐성을 보완할 수 있는 현실적인 대 안으로 안정적 전원인 가스화력발전소가 떠오르고 있다. 이에 따라 가스화력발전소 운영 및 건설 관련 투자가 2030년까지 미국 내에서 더욱 더 활성화되면서 가스의 활용 증가성도 높아질 수 있을 것이다.

글로벌 원전 정책 및 시장,
쉼표에서 크레센도로!

트럼프 2.0 시대에서도 원자력 규제 위원회(NRC)
인허가 과정의 현대화(Modernization), 기존 원자력 발전소 재가동으로
안정적 전력 공급, 혁신적인 SMR 개발 투자로 전력 수급 확대 등
원전 이용이 확대될 예정이다.

　1945년 일본에 투하된 원자폭탄 이후 세계 국가들의 핵무기 개발 경쟁은 1953년 미국의 아이젠하워 대통령이 UN총회에서 평화를 위한 원자력(Atoms for Peace)을 제안하면서 대전환기를 맞게 된다. 이 연설을 계기로 국제연합은 1957년 국제원자력기구(IAEA)라는 독립기구를 설치했고, 이로써 원자력의 평화적 이용을 위한 시대가 도래하게 된다.

　세계 최초의 원자로는 1942년에 미국의 과학자 페르미에 의해 이미 개발되어 있었지만, 1953년 유엔총회를 기점으로 해서 핵무기 보유국들이 전기를 생산하는 원자로 개발에 힘을 쏟기 시작했다. 이에 따라 그때까지 정부 주도하에 개발되던 원전이 민간시장에 개방되었다.

구소련에서 1954년 세계 최초의 원전인 5MW급 흑연감속형 원자로 오브닌스크를 가동했다. 뒤를 이어 영국에서 1956년 60MW급 기체 냉각로인 콜더홀 1호기를 가동시켰다. 미국에서는 1957년 원자력잠수함에 적용하던 원전 기술을 개량해 100MW급 가압경수로 원자로인 시핑포트 원전을 가동하는 등 본격적으로 원전의 시대가 열리게 된다. 그리고 미국의 웨스팅하우스(Westing House)사 등이 낮은 발전 단가를 내세우며 미국형 가압경수로를 세계로 수출하기 시작한다. 이와 같은 원자로는 원자폭탄이 방출하는 것과 같은 엄청난 힘을 제어하고 활용해 수백만 가구에 전기를 공급한다.

그러나 1979년 미국 스마일섬 원전사고, 1986년 구소련 체르노빌 원전사고, 2011년 일본 후쿠시마 원전사고 등은 각각 7년과 25년 간격으로 발생하면서 원전확대에 걸림돌이 되었다. 이러한 원전사고로 인해 안전성 강화 조치로 인한 비용 상승은 원전산업 경쟁력을 떨어뜨리면서 원전 산업 침체기를 맞이하게 된다. 독일의 경우 모든 원전을 단계적으로 폐지하기로 결정했으며, 다른 국가들의 경우 신규 원전에 대한 투자나 노후 시설의 수명 연장 계획을 축소했다. 이에 따라 2011년부터 2020년까지 전 세계적으로 원전 전력 생산량이 48GW가량 줄어들었다.

AI 등으로 인한 에너지 수요 확대로 무탄소에너지인 원전의 확대

2020년에 접어들면서 AI, 반도체, 전기차 등이 본격적으로 성장하면서 에너지 수요도 증가하고 있는데, 특히 AI 등으로 인한 데이터센터 건설 등으로 인해 전력 사용량 증대가 예상된다. 그런데 석탄 등 화석연료의 경우 탄소를 배출해 기후 위기를 심화시킬 수 있으며, 태양광, 풍력 등 신재생에너지는 자연환경 변화에 영향을 많이 받아 안정적인 전력 공급이 어렵다. 이에 따라 탄소배출이 없는 원전이 각광받고 있다.

이러한 환경하에서 2022년 7월, EU 집행위원회는 '그린 택소노미(녹색분류체계)'에 원전을 포함해 원전 투자 확대의 길을 열었다. 택소노미는 탄소중립에 맞는 친환경 산업분류 체계로, 기업의 투자지침서 역할을 한다.

또한 2023년 12월, 제28차 유엔기후변화협약 당사국총회(COP28)에서 원자력을 청정에너지 전환의 필수 요소로 인정했다. COP28에 참석한 한국, 미국, 일본, 영국, 캐나다, 프랑스, 스웨덴, 네덜란드, 체코, 폴란드, 루마니아 등 전 세계 25개국 대표들은 지구 온도 상승을 1.5도로 억제하고, 탄소중립 달성을 위해 2050년까지 원전 설비 용량을 2020년 대비 3배 확대한다는 내용의 선언문에 서명했다. 2024년 11월, 제29차 유엔기후변화협약 당사국총회에서는 엘살바도르, 카자흐스탄, 케냐, 코소보, 나이지리아, 튀르키예 6개국도 2050년까지 온실가스 배출을 줄이기 위해 원전 설비용량을 2020년 대비 3배로 확대하는 목표를 제시한 선언문에 서명하면서 이를 지지하는 국가는 총 31개국으로 늘어났다.

2024년 3월에는 유럽연합 본부가 있는 벨기에 브뤼셀에서 '원자력 정상회의'가 열렸다. 미국, 중국 등 30여 개국은 공동성명에서 기존 원자로 수명 연장, 원전 투자금 조달 등을 위해 노력하기로 했다. 이러한 탄소배출 감축 등 기후변화 대응을 넘어서 국가 안보 측면에서도 안정적 전력공급원을 통한 에너지 자립도를 높이기 위해 원전이 확대될 것으로 예상된다.

유럽에서는 에너지 안보 측면에서 원전 수요가 증가

특히 유럽에서는 탄소 중립과 더불어 2022년 러시아의 우크라이나 침공 이후 에너지 안보 측면에서도 원전수요가 증가하는 추세에 있다. 이러한 환경하에서 체코 정부가 2024년 7월 17일, 두코바니 2기(5·6호기) 원전 건설 계획을 먼저 확정해 한국수력원자력을 우선 협상자로 선정했으며, 테믈린 3·4호기는 체코 정부와 발주사가 추후 결정할 예정이다.

체코 정부에 따르면 체코 측의 총 예상 사업비는 1기 약 12조 원, 2기 약 24조 원이며, 그중에서 한국수력원자력과의 계약 금액은 향후 협상을 거쳐 최종 결정될 예정이다. 한국수력원자력(주계약)은 한전기술(설계), 두산에너빌리티(주기기, 시공), 대우건설(시공), 한전연료(핵연료), 한전KPS(시운전, 정비) 등과 팀 코리아를 구성해, 1,000MW급 APR1000의 설계, 구매, 건설, 시운전 및 핵연료 공급 등 원전건설 역무 전체를 일괄 공급하게 될 예정이다. 2025년 3월에 최종 계약을 체결하고, 인허가 절차 등을 거친 이후 2029년 착공에 들어가서 2036년 1호기를 완공하고, 2호기는 1~2년의 간격을 두고 완공이 이루어질 전망이다.

네덜란드의 경우 현재 원전 1기를 운영중이며, 2035년 상업운전을 목표로 제일란트주 보르셀 지역에 3,000MW급 신규원전 2기 건설을 추진중에 있다. 이러한 환경하에서 2023년 12월, 한국수력원자력은 네덜란드 경제기후정책부와 신규 원전 건설을 위한 기술 타당성 조사 계약을 체결함에 따라 네덜란드 신규 원전 수주 절차에 공식적으로 참여하게 되었다.

한국수력원자력과 경쟁하는 미국과 프랑스 원전 기업들도 별도로 네덜란드 원전 기술 타당성 조사를 수행할 예정이다. 기술 타당성 조사 등을 마친 후 2025년에는 입찰에 들어가서 착공은 2028년에 이루어질 예정이다.

스웨덴의 경우 2022년 9월, 정권교체로 출범한 현 정부는 기간산업의 전력수요 증가, 러-우 사태로 인한 에너지 대응 위기를 겪으면서 2023년 말 원자력발전법을 개정했다. 포르스마르크, 오스카르스함, 링할스 등 3곳에서 6기의 대형원전이 가동되고 있는데, 오는

2045년까지 신규 원전 10기 도입 추진 계획을 발표했다. 핀란드의 경우 국영 에너지회사인 포르툼에서 SMR과 대형 원자로의 향후 조건에 대한 연구를 진행하고 있다. 이에 따라 한국수력원자력, 웨스팅하우스, 롤스로이스소형모듈원전, 이디에프에너지, 캬른폴넥스트, 아우토쿰푸 등 여러 전기회사들과 협력 MOU를 맺으며 2030년 이후 새로운 원전 가동을 위한 계획을 추진중이다.

미국이 추진하고 있는
2050 원자력 에너지 확대 로드맵

2024년 11월, 미국 바이든 행정부는 신규 원전을 건설하고 가동이 중단된 원전을 재가동할 뿐만 아니라 기존 원전의 시설을 업그레이드해 원전 발전 용량을 200GW 추가 배치하겠다는 로드맵을 발표했다. 2023년 기준 100.6GW 수준인 원전 발전 용량을 2050년까지 300GW 수준으로 확대하겠다는 것이다. 이러한 목표를 달성하기 위해 2035년까지 35GW의 신규 원전을 가동하거나 건설하고, 2040년부터는 매년 15GW의 신규 원전을 추가로 가동할 계획이다.

이러한 로드맵 발표는 2050년까지 탄소중립 목표 달성을 위한 일환으로 원전비중 향상 및 에너지 안보 강화의 필요성과 함께 24시간 무탄소 전력 공급원으로서 원전에 대한 수요가 증가한 데 따른 것이다. 이러한 로드맵에는 신규 대형원전 건설, SMR(소형모듈형원전)

건설, 초소형원자로 건설, 기존 원전 수명 연장 및 재가동, 인허가 개선, 인력개발, 원자로 부품 공급망 개발, 핵연료주기 공급망 개발, 사용후핵연료 관리 등 9개 골자를 중심으로 한 세부 정책 방향과 정부 조치가 담겼다.

먼저, 기존 원전 부지를 활용해 비용을 절감하는 환경하에서 새로운 대형원전을 건설함으로써 대규모 에너지 수요를 충족시킬 수 있을 것이다. 이러한 신규 대형원전 건설 등을 활성화시키기 위해 미국 정부는 세액 공제를 통한 공급 비용 절감, 자금 조달 프로그램 제공, 부지 적합성 평가, 기존 인허가 결과 재활용, 국제 파트너십 확대 등을 지원할 것으로 예상된다.

글로벌 빅테크들의
SMR 건설 활성화

둘째, 빠른 건설 속도와 낮은 초기 투자 비용을 가진 SMR 건설로 소규모 전력 및 산업용 열 수요를 충족할 뿐만 아니라 노후 화력발전소 부지 전환 등 상업적 활용 가능성 등을 모색할 수 있을 것이다. 이러한 SMR 건설 등을 활성화시키기 위해 미국 정부는 3세대 플러스 SMR 건설을 위한 재정 지원 및 선진원자로실증프로그램(ARDP) 혜택 제공, SMR 프로젝트 자금 조달, IRA 등 세액 공제 제공, 전력 고객 소집, 국방 시설 SMR 건설 가능성 탐색, SMR 인허가 기준 개발 등을 지원할 것으로 예상된다.

특히 미국의 빅테크 기업들은 AI 수요 확대로 급증하는 데이터센터에 안정적이고 비용 효율적이면서도 지속가능한 전력 공급을 위해 SMR 같은 차세대 핵에너지 기술에 주목하고 있다. SMR은 기존 대형 원자로에 비해 소형이며 초기 건설비용이 낮고, 공장에서 모듈화해 현장에서 빠르게 조립할 수 있는 장점이 있다. 이 때문에 안정적인 전력 공급 및 탄소 배출 감소와 기후 리스크 측면에서 중요한 대안으로 부상하고 있다.

아마존의 경우 버지니아주 유틸리티 회사인 도미니언 에너지와 계약을 맺고 SMR 개발을 추진하는 한편, 워싱턴주의 원전 사업자인 노스웨스트와 협력해 X-energy의 Xe-100(80MW, HTGR) 4기 개발 프로젝트 타당성 연구 지원을 위해 최대 3억 3,400만 달러를 지원할 예정이다. 이에 따라 아마존은 2039년까지 X-energy와 협력해 미국 전역에 Xe-100을 건설할 예정이며, 이를 통해 총 5,000MW의 설비용량 확보를 목표로 하고 있다.

구글은 카이로스파워(Kairos Power)와 SMR 전력 총 500MW를 구매 계약 체결해 2030년까지 상업용 SMR 가동을 목표로 하고 있다. 메타의 경우 데이터센터에 필요한 전력 수요 증가에 따라 2030년대 초까지 최대 4,000MW 원전 설비용량 확보를 목표로 하고 있다.

셋째, 소규모 및 원격지 에너지 수요를 충족할 수 있고 군사 시설에도 적합한 에너지 탄력성을 가진 초소형원자로(MR) 등을 건설할 예정이다. 이러한 초소형원자로(MR)는 300MW 이하 출력을 가지는

SMR보다 발전용량이 더 작은 20MW 이하의 발전용량을 가지는 원자로를 가리킨다.

초소형원자로(MR)는 SMR보다 크기가 매우 작아 조립이 거의 완료된 상태로 트럭을 이용해 운반한 후 해당 지역에서 신속하게 활용할 수 있기 때문에 특수 업무를 위한 전력 생산 필요성이 커지면서 최근 주목받고 있다. 즉, SMR조차 설치하기 힘든 우주·극지 등 극한 환경이나 군사적 목적으로 필요한 곳 어디서든 전력을 생산할 수 있는 장점이 있다.

이에 따라 2018년 5월, 미국 로스앨러모스 국립연구소(LANL)와 NASA는 우주용 초소형원자로(MR) 개발에 성공했으며, NASA는 2028년, 달에 초소형 원자로(MR)를 설치한다는 계획이다.

또한 2024년 12월, 웨스팅하우스는 미국 최초로 원자력 규제 위원회(NRC)로부터 5MW 이빈치(eVinci)를 원격 운영할 수 있는 제어 시스템에 대한 승인을 받았다.

이러한 초소형원자로(MR) 건설 등을 활성화시키기 위해 미국 정부는 초소형원자로 규제체계 개발, 국방 및 연방 시설 건설 모색, 초기 프로젝트 추적, 차세대 연료인 HALEU(고순도 저농축 우라늄) 가용성 촉진 등을 지원할 것으로 예상된다.

넷째, 기존 원자로의 운영허가 연장 및 출력 증강, 조기폐쇄된 원전 재가동 등으로 신속하고 비용 효율적인 추가 전력 생산 가능성을 높일 것이다. 현재 미국에서는 28개 주 54개 부지에 94개의 원자로를 가동하고 있다. 대부분 1970~1980년대에 지어졌고, 평균 가동 연수는 설계수명의 40년을 넘는 42년이다. 이러한 원전 94기 중 89%인 84기가 계속운전 승인을 받았고 두 번 승인(20년+20년)을 받아 총 80년을 돌릴 수 있는 원전도 6기에 달한다.

이렇듯 기존 원전이 80년을 넘어 100년 이상 운영될 수 있도록 원자력 규제 위원회(NRC)와 원전업계에서 구조물에 대한 연구 개발을 수행하고, 연장운영허가 심사가 원활히 심사될 수 있도록 원자력 규제 위원회(NRC)와 운영자 간 긴밀한 협조가 추진될 것이다.

이에 따라 지난 2022년 폐쇄된 미시간 주의 펠리세이드(Palisades) 원전은 재가동 계획에 따라 2025년 10월, 재가동을 앞두고 있다. 이와 같이 최근 폐쇄된 원전 중 원자력 규제 위원회(NRC) 기준을 준수하며 재가동할 수 있는 원전 등이 발굴될 예정이다.

이에 대한 연장선상에서 마이크로소프트는 미국 역사상 최악의 원전 사고를 겪었던 펜실베이니아주 스리마일섬의 원전을 보유한 콘스텔레이션 에너지(Constellation Energy)사와 2024년 9월, 전력 구매 계약을 체결했다. 콘스텔레이션 에너지는 사고가 발생했던 2호기 주변에 위치한 원전 1호기를 재가동해 전력을 생산할 계획이다.

이와 같이 이미 폐쇄되었거나 노후한 원전의 재가동과 SMR 등 신기술 도입을 위한 정책적 지원이 더해지면서, 원전 산업이 중장기적으로 미국에서 활성화될 것으로 전망된다. 특히 AI 데이터센터와 같은 에너지 집약적 인프라의 확산과 제조업 부흥에 따른 전력망 안정성 강화 필요성이 더욱 증가함에 따라 원전은 탄소 배출 없는 안정적이고 지속 가능한 전력 공급원으로 다시 주목받고 있다.

트럼프 2.0 시대엔
원전 이용이 확대될 것

───────●───────

트럼프 2.0 시대에서는 지정학적 요인과 비확산 정책, 공급망 안정과 기술 선도국 지위 유지 등 에너지 안보와 함께 저렴한 에너지 공급을 통해 물가 상승률을 낮추는 것이 목표다. 그러므로 글로벌 원자력의 활성화는 지속될 수밖에 없다. 또한 크리스 라이트(Chris Wright) 에너지부 장관은 SMR 기업 오클로(Oklo)의 이사회 멤버라는 점에서 미국의 원자력 르네상스를 이끌 것으로 예상된다.

트럼프 1.0 시대에는 원자력 에너지 혁신 및 현대화법(NEIMA, Nuclear Energy Innovation and Modernization Act) 등의 법안에 서명하며 원자력 관련 규제 현대화를 위해 노력했다. 트럼프 2.0 시대에서도 원자력 규제 위원회(NRC) 인허가 과정의 현대화(Modernization), 기존 원자력 발전소 재가동으로 안정적 전력 공급, 혁신적인 SMR 개발 투자로 전력 수급 확대 등 원전 이용을 확대할 예정이다.

이에 미국 우선(America First) 에너지 정책에 따라 원전에 대한 정부 지원 증가가 예상될 뿐만 아니라 재생에너지 관련 예산 조정 과정 속에서 원전의 수혜 가능성도 존재한다. 무엇보다 빅테크들이 데이터센터 가동을 위해 원전을 선택하고 있다는 점 등을 고려할 때 원전의 지속적인 호황이 예상된다. 궁극적으로 원전이 미국의 에너지 안보와 청정에너지 목표 달성을 동시에 이루는 데 기여할 수 있을 것이다.

트럼프 2.0 시대의
LNG 및 원전 관련 투자 유망주

한국가스공사

포스코인터내셔널

SNT에너지

비에이치아이

성광벤드

동성화인텍

오리엔탈정공

LS에코에너지

두산에너빌리티

한전기술

삼성물산

콘스텔레이션 에너지(CEG)

비스트라 에너지(VST)

GE 버노바(GEV)

뉴스케일파워(SMR)

플로우서브(FLS)

한국가스공사(036460)

- 천연가스 탐사/개발 등 Upstream 사업에서부터 LNG 액화플랜트 건설과 운영, LNG기지 및 도시가스 배관 등 Midstream/Downstream 인프라 사업에 이르기까지 천연가스 전 밸류체인에 대한 역량 확보
- 트럼프 2.0 시대 미국산 LNG 도입 증가 가시화로 비즈니스 확대되면서 수혜 가능할 전망이다.

동사는 국내 가스 수급 안정성 확보를 위해 천연가스 탐사/개발 등 Upstream 사업에서부터 LNG 액화플랜트 건설과 운영, LNG기지 및 도시가스 배관 등 Midstream, Downstream 인프라 사업에 이르기까지 천연가스 전 밸류체인에 걸쳐서 12개국에서 23개 프로젝트(탐사 3개, 개발/생산 8개, 천연가스 액화 8개 및 인프라 사업 4개)를 진행하고 있다. 즉 1996년 오만 LNG 사업에 지분투자 참여를 통해 처음 자원개발사업을 시작했으며, 미얀마 A-1/A-3 가스전, 모잠비크 Area4, 이라크 주바이르 유전 등 Upstream 자원개발 사업과 더불어 호주 GLNG, Prelude 등 LNG 액화 사업 등을 통해 해외 수익 창출과 LNG 국내 도입에 기여하고 있다.

동사는 2007년 모잠비크 Area4 해상광구에 대해 3억 1,000만 달러를 투입해 10% 지분을 취득하면서 사업에 참여했다. 이러한 모잠비크 Area4 광구의 경우 2011년부터 2014년 사이에 코랄(Coral), 맘

바(Mamba), 아굴라(Agula) 등 3개의 구조에서 총 13공의 시추가 성공함에 따라 발견잠재자원량이 약 85Tcf에 이른다. 특히 2011년 10월, 가스 발견에 성공한 첫 번째 탐사정(Mamba South-1)을 시작으로 2012년에는 두 번째 탐사정(Mamba North-1), 세 번째 탐사정(Mamba North East-1), 네 번째 탐사정(Coral-1), 다섯 번째 탐사정(Mamba North East-2) 여섯, 일곱 번째 탐사정(Mamba South 2, Coral-2) 등에서의 발견잠재자원량이 68Tcf에 달한다.

특히 모잠비크 Area4 광구의 최초 상업화 프로젝트인 '코랄 사우스(Coral South)' 사업의 경우 동사가 탐사단계부터 가스전 개발 및 FLNG 건조를 거쳐 LNG 생산에 이르는 LNG 밸류체인 전 과정에 참여했다. 무엇보다 코랄, 맘바 등의 구조에서 천연가스 매장이 확인된 모잠비크 Area4 광구의 경우 코랄 구조를 시작으로 순차적으로 개발이 진행될 예정이다.

트럼프 2.0 시대 미국산 LNG 도입 증가 가시화로 비즈니스 확대되면서 수혜 가능할 전망이다

이와 더불어 2012년 9월, 정부에서는 셰일가스에 대한 선제적 대응을 위한 종합전략을 발표했다. 이에 동사는 자원개발 및 단순 LNG도입 비즈니스에서 벗어나 EPC, 트레이딩 등 LNG 관련 비즈니스를 확대시키면서 LNG 밸류체인을 총괄하는 글로벌 에너지 기업으로 발돋움하는 발판이 마련될 것으로 예상되면서 성장성 등이 부각되었다.

무엇보다 동사는 천연가스 탐사/개발 등 Upstream 사업에서부터 Midstream/Downstream 인프라 사업에 이르기까지 천연가스 전 밸류체인에 대한 역량을 확보하고 있다. 이러한 환경하에서 우리나라는 글로벌 3대 LNG 수입국으로서 천연가스는 전력 생산의 30%가량을 차지하고 있고, 2천만 명이 넘는 가정과 기업들이 도시가스 형태로 공급받고 있다. 또한 향후 석탄발전소가 LNG 발전소로 대체되면서 천연가스 수요량이 증가할 것이다.

무엇보다 미국으로부터의 천연가스 수입이 늘면 대미 무역수지 흑자가 줄게 된다. 이 경우 고율의 관세를 비롯한 강력한 보호무역주의를 내세운 트럼프 2.0 시대에 대응하는 효과도 기대된다. 이로 인해 동사는 2025년부터 신규 장기 도입 계약에 미국산 LNG를 포함시켜 포트폴리오를 다변화할 것으로 예상된다.

먼저 2025년에 LNG 장기도입 계약이 만료되는 것부터 미국산으로 대체될 가능성이 높으며, 점차적으로 물량을 증가시킬 것으로 예상된다. 동사가 지금까지 맺어온 장기 계약은 대부분 카타르와 오만 등 중동 국가와 호주, 동남아에 집중되어 있었다. 유가 연동제 방식으로 도입 가격이 결정되는 구조로, LNG 수급에 문제가 없더라도 유가 변동 요인에 그대로 노출된다는 한계가 있다. 반면에 미국산 LNG는 헨리허브 가격(Henry Hub Price)에 연동되는 구조다. 헨리허브는 북미 지역의 대표적인 천연가스 가격 지표로, 선물거래소에서 경쟁에 의해 결정된다.

최근에는 미국산 LNG 물류 등 도입 비용을 포함해도 유가연동에 비해 저렴한 편이다. 이러한 미국산 LNG 도입 등이 원가하락으로 이어지면서 미수금을 감소시키는 요인이 될 수 있고, 물량 증가로 인한 트레이딩 기회 등 LNG 관련 비즈니스를 확대시키면서 성장성 등도 가시화될 수 있을 것이다.

2025년부터 민수용 미수금이 점진적으로 감소할 전망이다 ⇒ 배당 재개가 가능해지면서 밸류에이션 리레이팅 예상

민수용의 경우 요금 상승 우려 등 경제에 미치는 영향 등을 고려해 연료비 연동제를 유보할 수 있다. 이렇게 연료비 연동제에 의거한 원가보다 낮은 가격에 공급 시 보장된 가격과 실제 공급가의 차이를 미수금으로 계상한 후 추후 정산단가를 통해 회수할 수 있다.

이와 같은 미수금이 2021년부터 큰 폭으로 증가하기 시작했으며, 2021년 말 29,298억 원, 2022년 말 120,207억 원, 2023년 말 157,659억 원까지 증가했다. 이는 정부의 물가안정정책으로 판매요금 인상이 제한되는 가운데, 2021~2022년간 높은 수준을 지속했던 LNG 가격에 따라 발생한 것으로 판단된다. 2024년 3분기 말 전체 미수금 규모는 발전용 미수금 감소에 힘입어 2023년 말 대비 7,177억 원 감소한 150,482억 원을 기록했다. 이 중 민수용 미수금의 경우 143,792억 원을 기록했다.

발전용 미수금의 경우 2025년 상반기 중으로 회수가 일단락될 것으로 예상된다. 민수용 미수금의 경우도 2024년 8월, 요금인상과 더불어 유가하락에 따른 LNG 도입가격 하락, 금리 인하에 따른 미수

【 한국가스공사 주가 추이 】

(원)

| 트럼프 1.0 | 바이든 대통령 임기 | 트럼프 2.0 |

70,000
60,000
50,000
40,000
30,000
20,000
10,000
0

19.1 19.7 20.1 20.7 21.1 21.7 22.1 22.7 23.1 23.7 24.1 24.7 25.1 25.7

자료: 한국거래소

금 금융비용 감소 등으로 인해 2025년부터 점진적으로 하락할 것으
로 예상된다. 다만, 최근 환율상승이 다소 부담요인으로 작용할 수
있을 것이다. 무엇보다 이와 같은 미수금 축소 가시화로 배당재개가
가능해지면서 밸류에이션이 리레이팅될 수 있을 것이다.

포스코인터내셔널(047050)

- 포스코그룹 계열사로 트레이딩 사업 및 에너지 사업 등을 영위
- 천연가스 Upstream 도약 및 미국산 트레이딩 기회가 확대되면서 밸류에이션이 리레이팅될 가능성이 있다.

동사는 트레이딩과 에너지 사업을 중심으로 국내 7개사, 해외 39개사 총 46개사의 종속회사가 있으며, 해외 주요 지역에서 법인, 지사 등 100여 개의 네트워크를 유지하고 있다. 트레이딩 사업은 철강 및 철강원료, 친환경차부품, 친환경소재, 이차전지소재, 식량 등을 주요 품목으로 전 세계에 분포되어 있는 해외 네트워크를 기반으로 한다. 트레이딩 및 구동모터코아 생산·판매, 팜농장 운영 및 팜오일 생산·판매, 면직물 생산·판매, 광물자원 생산, 호텔운영 등 다양한 분야의 사업을 전개하고 있다.

에너지 사업은 가스전을 탐사하고 개발하는 E&P사업, 가스를 저장 운송하는 LNG사업, LNG를 원료로 활용하는 발전사업을 운영하고 있으며, 이외에도 신재생 등 친환경 에너지사업 및 수소사업 등을 중점으로 사업을 확대해 나가고 있다.

미얀마, 호주 등에서의 탐사/개발 사업 등에 힘입어
천연가스 Upstream 기업으로 도약할 전망이다

동사는 지난 2000년 미얀마 정부로부터 탐사권을 획득한 이후 2004년 3,000m 해저에 위치한 쉐(Shwe, A-1) 가스전을 발견했으며, 2005년 쉐퓨(Shwe Phyu, A-1)와 2006년 미야(Mya, A-3) 가스전을 연이어 발견했다.

이어서 2008년에는 A-1과 A-3 광구의 가스전에서 생산되는 가스를 중국 국영 석유 회사에 2013년부터 30년간 판매하는 장기 계약을 체결했다. 2013년 6월, 가스 생산을 처음으로 시작해 2014년 말부터는 하루 평균 5억 세제곱피트씩 판매하고 있다.

이와 함께 동사는 지난 2021년 말레이반도 동부 해상에 있는 면적 4,738km², 수심 50~80m인 천해지역에 위치한 PM524 광구 운영권을 포함해 4년의 탐사 기간과 24년의 개발 및 생산기간을 보장받았다. 동사가 지분 80%를 보유해 운영권자이며, 나머지 지분 20%는 말레이시아 국영 석유·가스 기업 페트로나스(PETRONAS)의 E&P 자회사가 보유하고 있다. 이에 따라 3D 인공지진파 재처리 등 최신 기술을 활용해 광구의 유망성 등을 평가했으며, 2024년 탐사 시추 준비 및 시추 위치 선정작업에 들어가서 2025년 상반기에는 탐사시추가 본격화될 것으로 예상된다.

동사는 2023년 인도네시아 정부에서 주관하는 국제입찰에 인도네시아 국영기업인 PHE와 컨소시엄으로 참여해 붕아(Bunga) 광구 운영권을 포함해 6년의 탐사 기간과 30년의 개발 및 생산기간을 보장받았다. 붕아 광구는 인도네시아 자바섬 동부 해상에 위치한 면적 8,500km² 광구로 수심은 50~500m로 천해부터 심해까지 포함한다. 3D 인공 지진파 탐사 등을 수행해 광구 유망성을 평가하고, 2027년 탐사시추가 진행될 예정이다.

다른 한편으로 동사는 2022년 4월에 호주 퀸즐랜드주 육상에 위치한 2개의 생산가스전(아틀라스, 로마노스)과 2개의 탐사광구(로키바, 레인지)를 보유하고 있는 세넥스에너지 지분 50.1%를 인수했다. 무엇보다 아틀라스와 로마노스 가스전 가스처리 시설은 증설이 진행 중에 있다.

증설이 완료되는 2025년 말 세넥스에너지의 CAPA는 현재의 3배 수준인 60PJ(페타줄)(LNG 약 120만 톤)까지 확대될 것으로 예상된다. 그에 따라 2026년에는 세넥스에너지가 연간 6,000억 원 이상의 매출을 창출할 수 있을 것이다. 이러한 CAPA 증설과 발맞춰서 호주 최대 전력생산업체 AGL을 비롯해 BlueScope, Liberty Steel, Orora, Visy, EA, Engie 등과 약 151PJ 규모의 천연가스 공급계약을 맺고, 2025년부터 최대 10년간 공급할 예정이다.

이와 같이 미얀마 가스전 기반하에서 말레이시아, 인도네시아 등에서의 광구 탐사 등을 통해 신규 매장량을 확보할 수 있을 것이다. 또한 호주 세넥스에너지 확장 등을 통해 천연가스 매장량을 2021년 0.9TCF(조입방피트)에서 2030년 2.5TCF로 확대될 것이다. 이와 같이 동사가 천연가스 Upstream으로 도약하면서 밸류에이션이 리레이팅될 수 있을 것이다.

미국산 LNG 트레이딩 기회가 확대되면서
성장성이 가시화될 전망이다

트럼프 2.0 시대 초반에 LNG 수출 제한 조치를 해제하면서 LNG 수출이 확대될 것이다. 미국산 LNG 수출이 확대되면 LNG 가격 하락은 물론 트레이딩 기회도 늘어날 것으로 예상된다. 이러한 환경하에서 동사는 2025년 상반기 LNG운반선 한 척이 인도될 예정이다. 이는 2026년부터 2046년까지 국내 수급과 트레이딩용으로 도입 예정인 북미산 셰일가스 40만 톤 운송에 활용할 방침이다. 이와 같이 동사가 미국산 LNG 트레이딩 기회가 확대되면서 성장성 등이 가시화될 수 있을 것이다.

【 포스코인터내셔널 주가 추이 】

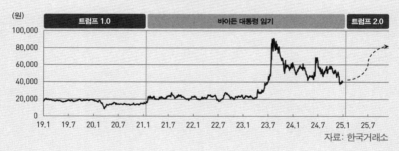

자료: 한국거래소

SNT에너지(100840)

- 에어쿨러, HRSG, 복수기, 탈진설비 등을 주력으로 생산하는 플랜트 기자재 전문업체
- LNG 프로젝트 증가 ⇒ 에어쿨러 전성시대 최대 수혜

　동사는 플랜트 기자재 전문업체로, 1979년에 설립된 삼영기계공업이 모태로 2008년 2월, SNT홀딩스(존속법인)와 인적분할되어 신설법인 형태로 설립되었다. 동사의 주요 제품은 석유화학/석유정제/가스플랜트 등에 사용되는 공랭식열교환기(Air Cooler), 복합화력발전소 등에 사용되는 배열회수보일러(Heat Recovery Steam Generator), 원자력발전소/화력발전소 등에 사용되는 복수기(condenser), 화력발전소/제철소 등에 사용되는 탈질설비(SCR) 등이 있다. 2024년 2분기 누적 기준으로 제품별 매출비중은 에어쿨러 80.7%, HRSG 19.2%, SCR 0.1% 등이다. 2024년 3분기 누적 기준으로 제품별 매출비중은 에어쿨러 81.3%, HRSG 18.6%, SCR 0.1% 등이다.

LNG 생산 능력 확대 프로젝트 등이 증가됨에 따라 에어쿨러 수주확대가 본격화되면서 최대 수혜

　사우디아라비아의 국영석유회사 아람코(Aramco)의 경우 2030년까지 판매 가스 생산량을 2021년 대비 60% 이상 늘리는 것을 목표

로 하는 가스 확장 전략을 펼치고 있다. 먼저 자푸라 가스전 2단계(Jafurah Phase II) 개발을 통해 2030년까지 20억 평방피트 규모의 지속 가능한 가스 판매량 달성을 계획중에 있다.

마스터 가스 시스템 3차(Master Gas System Expansion Phase-III) 확장도 진행되고 있다. 마스터 가스 시스템은 사우디아라비아 전역의 아람코 주요 가스 생산 및 처리 현장을 연결하는 광범위한 파이프라인 네트워크이다. 3차 확장의 경우 17개의 새로운 가스 압축 트레인과 4,000km의 파이프라인을 추가하는 것이다. 이러한 새로운 인프라를 통해 약 32억 평방피트가 네트워크에 추가될 것이며, 2030년까지 전력의 50%를 가스로 생산한다는 사우디아라비아의 목표에 크게 기여할 수 있을 것이다.

사우디아라비아 수도 리야드(Riyadh) 북동쪽 350km에 위치한 기존 파딜리 가스 플랜트(Fadhili Gas Plant) 등을 증설하는 사업 등도 진행되고 있다. 다른 한편으로는 UAE의 아부다비 국영석유회사(ADNOC)의 경우 2028년까지 LNG 생산량 2배 이상의 증대를 목표로 하고 있다. 즉 4.8mmtpa LNG 액화 트레인 2기로 구성된 총 9.6mmtpa 용량의 ADNOC의 저탄소 루와이스(Ruwais) LNG 수출 터미널 프로젝트가 2028년부터 LNG 공급이 본격적으로 시작되면서 ADNOC의 LNG 생산 능력이 2배 이상 증가할 것으로 전망된다. 이 터미널의 경우 MENA 지역에서 재생에너지와 원자력으로 가동되는 최초의 LNG 수출 시설이 될 것이다. 이와 함께 UAE 북부 페르시아만의 해일(Hail) 가스전과 가샤(Ghasha) 가스전을 개발하는 사

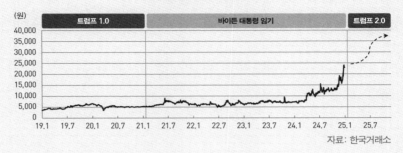

【 SNT에너지 주가 추이 】

(원)

| 트럼프 1.0 | 바이든 대통령 임기 | 트럼프 2.0 |

40,000
35,000
30,000
25,000
20,000
15,000
10,000
5,000
0

19.1　19.7　20.1　20.7　21.1　21.7　22.1　22.7　23.1　23.7　24.1　24.7　25.1　25.7

자료: 한국거래소

업인 Hail & Ghasah 개발 프로젝트 등도 진행되고 있다.

무엇보다 2019년 카타르 국영기업 QE는 북부가스전(North Field)에서 생산되는 연간 LNG 생산 규모를 7,700만 톤에서 2027년까지 1억 2,600만 톤으로 확대하는 증산 계획을 발표함에 따라 현재 LNG 트레인 등을 증설하는 프로젝트가 진행중에 있다. 이러한 환경 하에서 동사 에어쿨러의 경우 LNG 액화공정에서 냉매로 사용되는 Propane/Mixeed Refrigerant를 응축/냉각하는 핵심 기기 등으로 채택되어 사용되고 있다. 이와 같이 중동, 북미 지역 등에서 LNG 생산 능력 확대 프로젝트 등의 발주가 증가됨에 따라 동사 신규 수주의 경우도 2022년 1,291억 원, 2023년 2,264억 원, 2024년 3Q 누적 4,861억 원 등으로 급속하게 증가되고 있는 중이다.

이러한 신규 수주 증가에 힘입어 2024년 3Q말 기준 수주 잔고도 6,520억 원 수준에 이르고 있다. 이러한 수주 잔고를 기반으로 향후 실적 향상이 예상될 뿐만 아니라 지속적인 신규 수주 증가 등으로 성장성 또한 가속화될 것이다.

비에이치아이(083650)

- 발전용 기자재 전문업체
- 천연가스 발전 및 원자력 발전 등 신규 수주가 증가하는 중이다.

동사는 1998년에 설립되어 발전소 및 제철공정에 필요한 발전용 기자재를 설계, 제작, 설치, 시공하는 발전용 기자재 전문업체이다.

발전용 기자재는 주기기와 보조기기(Balance of Plant)로 구분되는데, 동사의 주요 제품으로는 주기기인 배열회수보일러(HRSG) 및 각종 보일러(Boiler)류 등을 비롯해 보조기기인 복수기(Condenser), 열교환기(Heat Exchanger), 탈기기(Deaerator) 등이 있다.

재생에너지 간헐성 보완 및 전력 수요 급증 등으로 천연가스 발전 수요가 증가할 전망이다

태양광 등 재생에너지 발전설비 용량은 빠르게 증가하고 있으나 간헐성과 변동성 등으로 인해 이용률이 낮은 수준에 머물러 있다. 이러한 재생에너지의 간헐성을 보완하기 위해 에너지저장장치(ESS)가 대안으로 제시되지만 수십 기가와트가 넘는 태양광 발전 변동성에 대응하기에는 ESS 설비 용량이 크지 않고 많은 비용이 수반되어 활용이 제한된다.

이러한 재생에너지의 간헐성을 보완하기 위해 천연가스 발전이 대안으로 떠오르고 있다. 무엇보다 천연가스 발전은 전 세계적으로 석탄발전을 대체하고 있을 뿐만 아니라 탄소포집·활용·저장기술 (CCUS) 같은 신기술과 결합해 탄소중립 달성을 위한 핵심 에너지원으로 주목받고 있다.

다른 한편으로는 AI 등으로 인한 데이터센터 건설이 빠른 속도로 늘어나면서 전력 수요가 급증할 것으로 예상됨에 따라 천연가스 발전 수요도 빠르게 늘어날 것으로 전망된다.

전 세계적으로 전력수요 증가 및 석탄화력발전소 대체 등으로 신규 수주가 증가하는 중이다

HRSG(배열회수보일러)는 가스터빈을 돌리고 나오는 배가스의 열에너지를 회수해서 다시 고온, 고압의 증기로 만든 다음 스팀터빈을 돌리는 LNG복합화력발전의 핵심 설비다. 동사는 국내 최대 HRSG 제작업체로서 지난 2020년 아멕포스터휠러로부터 HRSG 원천기술 일체를 인수했다.

2024년 들어서면서 동사의 신규 수주가 증가하는 중이다. 먼저 2024년 3월에 동사는 SEPCO-3와 약 2,000억 원 규모의 HRSG 공급계약을 체결했다. 이와 같은 계약을 통해 동사는 사우디아라비아 타이바(Taiba)와 카심(Qassim) 2개 지역에 건설되는 복합화력발전소에 600MW급 HRSG 총 6기를 공급할 계획이다.

또한 2024년 5월과 7월에 도시바 플랜트 시스템앤서비스와 각각 약 1,200억 원, 약 2,740억 원 규모의 복합화력발전소 HRSG 공급계약을 체결했다. 즉 일본 지타 지역과 오사카 난코 지역에 건설되는 복합화력발전소 600MW급 HRSG를 각각 2기, 3기를 공급할 계획이다.

우리나라의 경우 2024년 8월, 지역난방공사와 2,397억 원의 공급계약을 체결했다. 이는 지역난방공사가 운영중인 수원 열병합발전시설의 사용 연료를 기존 중유에서 LNG로 전환하는 프로젝트로 동사는 HRSG와 DH Heater(열교환기)를 공급할 계획이다.

2024년 10월에는 한국남동발전에서 발주한 1,369억 원 규모의 고성 천연가스 복합발전 주기기 제작구매 낙찰통지서를 수령했다. 이는 삼천포화력발전소 3·4호기 설비 용량 1,120MW를 대체하는 프로젝트이다.

이와 같이 중동, 일본, 우리나라 등 전 세계적으로 전력수요 증가 및 석탄화력발전소 대체 등으로 2024년 HRSG 수주 등이 급증하고 있다.

원전 관련해
수주가 가시화될 전망이다

총 사업비 11조 6,804억 원이 투입되는 신한울 3·4호기의 경우 그동안 종합설계용역, 주기기, 주설비공사 등의 발주가 진행되어 한전기술, 두산에너빌리티, 현대건설 등과 공급계약을 체결했다.

원전 BOP(Balance of Plant)는 원자로와 증기발생기 등 주기기를

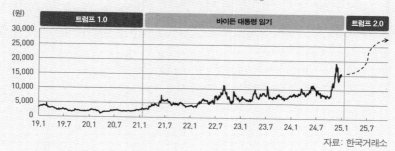

【 비에이치아이 주가 추이 】

자료: 한국거래소

제외한 원전의 모든 부속설비를 지칭하는 용어다. 동사의 경우 이러한 BOP 중 스테인리스 스틸 라이너(SSLW), 격납건물 철판(CLP), 격납건물 포스트텐셔닝 시스템(CPTS), 복수기 및 부속설비, 급수가열기 및 탈기기, 배관 관통부(CCP), 원자로 건물 여과 환기 시스템 등 7개에 달하는 다양한 제품 포트폴리오를 보유하고 있다.

이러한 환경하에서 동사는 신한울 3·4호기와 관련해 총 3건의 보조기기(BOP) 낙찰 통보를 받았다.

이러한 동사의 수주 레퍼런스 등을 기반으로 향후 체코 원전 수주 등 원전 수출 지역 확대 및 SMR 시장 성장 등도 수혜가 기대된다.

성광벤드(014620)

- 산업용 피팅 전문기업
- 중동뿐만 아니라 트럼프 2.0 시대 LNG 관련 프로젝트 확대로
  동사 신규 수주가 증가하면서 수혜가 전망된다.

동사는 1980년에 설립된 산업용 피팅 전문기업이다. 피팅이란 관이음쇠를 총칭하는 것으로 석유화학·가스 플랜트, 조선·해양 플랜트, 발전플랜트 등에서 증기, 물, 기름, 공기 등의 배관에 사용되는 배관재로 배관의 방향을 바꾸거나 관경을 변화시킬 때, 주 배관에서 분기할 때 이용된다. 철판 또는 파이프를 이용 제작하거나 단조판으로 조형물을 기계 가공해 제작한다.

중동뿐 아니라 LNG 관련 프로젝트 확대로
신규 수주가 증가하면서 수혜가 가능할 전망이다

연도별 동사의 별도 기준 신규 수주 동향을 살펴보면 2018년 1,633억 원, 2019년 1,836억 원, 2020년 1,285억 원, 2021년 1,491억 원, 2022년 2,389억 원, 2023년 1,826억 원, 2024년 3분기 누적 1,608억 원을 기록했다.

2020~2021년에는 코로나19로 인한 경제적 불확실성과 더불어 저유가 등으로 LNG 플랜트 프로젝트 등이 연기 및 취소되면서 신

규 수주의 흐름이 악화되었다. 그러나 2022년에는 고유가 흐름이 본격화되면서 미국과 중동 지역의 LNG 프로젝트 등이 재개됨에 따라 LNG 플랜트 및 LNG 운반선 관련 신규 수주가 늘어나면서 전년 대비 62.2% 증가한 2,389억 원을 기록했다.

2023년에는 주요 에너지 기업의 에너지 부문 투자가 정체됨에 따라 신규 수주가 2022년 대비 다소 감소했다. 그러나 2024년도에는 사우디아라비아에서 AMIRAL PKG 1, JafurahGas Processing Ph-II Pkg-1, FadhiliGas Increment Project #1 등의 신규 수주 가시화로 분기를 거듭할수록 증가하는 중이다.

무엇보다 사우디아라비아의 국영석유회사 아람코(Aramco)의 경우 2030년까지 판매 가스 생산량을 2021년 대비 60% 이상 늘리는 것을 목표로 하는 가스 확장 전략을 펼치고 있다. 먼저 자푸라 가스전 2단계(Jafurah Phase II) 개발을 통해 2030년까지 20억 평방피트 규모의 지속 가능한 가스 판매량 달성을 계획중에 있다. 또한 마스터 가스 시스템 3차(Master Gas System Expansion Phase-III) 확장도 진행되고 있다. 사우디아라비아 수도 리야드 북동쪽 350km에 위치한 기존 파딜리 가스 플랜트(Fadhili Gas Plant) 등을 증설하는 사업 등도 진행중이다.

UAE의 아부다비 국영석유회사(ADNOC)의 경우 2028년까지 LNG 생산량의 2배 이상 증대를 목표로 하고 있다. 즉 4.8mmtpa LNG 액화 트레인 2기로 구성된 총 9.6mmtpa 용량의 ADNOC의 저탄소 루와이스(Ruwais) LNG 수출 터미널 프로젝트가 2028년부터

LNG 공급이 본격적으로 시작되면서 ADNOC의 LNG 생산 능력이 두 배 이상 증가할 전망된다.

이와 더불어 2019년 카타르 국영기업 QE는 북부가스전(North Field)에서 생산되는 연간 LNG 생산 규모를 7,700만 톤에서 2027년까지 1억 2,600만 톤으로 확대하는 증산 계획을 발표함에 따라 현재 LNG 트레인 등을 증설하는 프로젝트가 진행중에 있다.

이러한 중동에서의 LNG 관련 프로젝트 증가로 동사의 신규 수주가 확대될 것으로 예상된다.

다른 한편으로는 트럼프 2.0 시대에는 LNG 수출 확대 정책으로 말미암아 LNG 투자가 늘어나면서 LNG 관련 프로젝트가 증가할 것으로 예상된다. 2022년 북미에서 LNG 프로젝트가 증가할 때 동사 수주가 증가하면서 전체 매출에서 북미향이 차지하는 비중이 67.2%를 기록했다. 이에 따라 트럼프 2.0 시대 LNG 관련 프로젝트 확대로 동사 신규 수주가 증가하면서 수혜가 가능할 것이다.

제품믹스 변화 효과로 인한 가격상승 등으로 향후 매출이 증가해 실적 개선이 가속화될 전망이다

정유에 사용되는 카본제품보다 LNG 등에 사용되는 스테인리스, 합금강 등 비카본 제품의 가격이 월등히 높기 때문에 LNG 관련 프로젝트 수주가 증가되면서 제품믹스 변화로 인한 가격상승 효과가 나타날 수 있을 것이다. 여기에 더해 원자재 가격 및 운임비 안정화 등으로 원가 측면에서의 증가 요인이 크지 않을 것으로 예상된다.

【 성광벤드 주가 추이 】

(원)

| 트럼프 1.0 | 바이든 대통령 임기 | 트럼프 2.0 |

자료: 한국거래소

　향후 LNG 관련 프로젝트 확대로 동사 신규 수주가 증가할 것으로 예상됨에 따라 제품믹스 변화로 인한 가격상승 등으로 매출이 증가되면서 실적 개선이 가속화될 것이다.

동성화인텍(033500)

- LNG선 초저온 보냉재 제조 전문업체
- 4년치 물량 확보로 해를 거듭할수록 매출이 증가할 전망이다.

 동사는 지난 1985년에 설립된 LNG선 초저온 보냉재 제조 전문 업체로 PU(폴리우레탄) 단열재 사업(초저온 보냉재, PU 시스템)과 가스 사업(냉매, 방재시스템) 등을 영위하고 있다.

 동사 전체 매출의 90% 이상이 PU단열재사업 부문에서 발생하고 있는데, 특히 LNG 운반선 화물창 제조에 사용되는 초저온 보냉재 사업에 특화되어 있다. 이러한 국내 LNG선 보냉재 시장의 경우 동사와 한국카본으로 양분되어 있다.

LNG 운반선 발주 확대로 4년치 물량 확보
⇒ 해를 거듭할수록 매출이 증가할 전망이다

 동사의 주요 제품인 초저온 보냉재의 주요 사용처인 LNG 운반선 의 경우 세계적인 친환경에너지 수요 확대로 LNG 수요가 증가할 뿐 만 아니라 현재 프로젝트가 진행중인 LNG 수출플랜트의 확대 등으 로 발주가 증가하고 있다. 무엇보다 유럽은 천연가스 수입을 러시아 의 육상 공급에 의존했다. 그러나 우크라이나 사태로 러시아 의존도

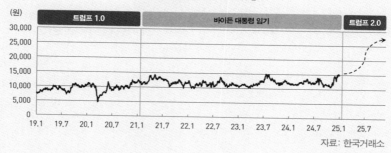

【 동성화인텍 주가 추이 】

자료: 한국거래소

를 낮춤과 동시에 점차 LNG선을 통한 해상 공급으로 전환해 LNG 운반선 발주 증가에 기여하고 있다.

대형 LNG 운반선의 경우 신조 수요가 증가하기 시작한 2018~2020년까지 연평균 55척이 발주되었으며, 수요가 급증한 2021~2024년까지 연평균 97척이 발주되었다. 2025~2026년까지 많은 선박의 인도가 예정되어 있으나, 신규 생산 LNG 공급량 증가와 높은 수요증가율에 대한 선박시장의 기대감으로 연 40척 내외의 발주량이 가능할 것으로 전망된다.

이에 따라 동사의 연도별 신규 수주 규모도 2017년 953억 원, 2018년 3,082억 원, 2019년 3,641억 원, 2020년 3,625억 원, 2021년 8,663억 원, 2022년 8,086억 원, 2023년 11,470억 원으로 증가하는 중이다. 2024년에는 7,000억 원 이상이 기대된다.

이러한 신규 수주로 인해 2024년 3분기 말 기준으로 4년치 물량에 해당하는 약 2조 원, 총 100척 이상의 수주 잔고를 확보했다. 이를 바탕으로 해를 거듭할수록 매출이 증가할 것으로 예상된다. 무엇보다 제품 가격 상승이 반영된 신규 수주의 매출 인식이 본격화되면서 2025년부터 수익성 개선이 가시화될 것이다.

한편 지난해 11월, 동사는 HD현대중공업, HD현대삼호와 각각 3,216억 원, 893억 원의 극초대형 에탄운반선(ULEC) 및 LNG 운반선용 초저온 보냉재 공급계약을 맺었다. 이번 계약을 통해 동사는 초저온 보냉재 사업의 주력 선종인 LNG 운반선 외 극초대형 에탄운반선(ULEC) 등 신규 선종에 대한 수주로 인해 매출 포트폴리오가 다각화되면서 수주 증가에 기여를 할 것이다.

오리엔탈정공(014940)

- 선박용크레인 및 데크하우스 전문기업
- LNG 운반선 관련 수주 확대로 실적 개선 가속화

    동사의 주요 제품군은 선용품과 기계류 부품 적재용 프로비전 크레인, 유조선의 오일 호스 취급용 호스 핸들링 크레인, 벌크선용 데크 크레인 등이다. 주요 고객사는 HD현대그룹사, 삼성중공업, 한화오션 등 국내 BIG3 조선소이며 중소형 조선소 및 중국과 일본 일부 조선소와도 거래하고 있다. 이에 따라 국내 선박용 크레인 시장 점유율이 70%에 이른다.

    동사의 자회사인 오리엔탈마린텍은 데크하우스와 엔진룸 케이싱 등을 주력으로 생산하고 있으며, 주요 고객사는 삼성중공업이다. 데크하우스는 선원들의 거주 시설로서 각종 생활설비와 운항장비가 설치되는 대형 철 건축구조물이며 엔진룸 케이싱은 주기관, 보조기관, 발전기, 보일러 등 핵심 기계류가 설치되는 기관실의 외벽 구조물이다.

LNG 운반선 관련 수주 확대로
실적 개선이 가속화될 전망이다

2024년 3분기 연결 누적 매출액은 1,505억 원으로 전년 동기 대비 32.4% 증가했으며 영업이익은 208억 원으로 전년 동기 대비 100.7% 증가했다. 수주 잔고는 3,277억 원을 기록해 2023년 말 기준 2,995억 원 대비 10% 가까이 늘었다.

주요 고객사인 삼성중공업의 LNG선, FLNG(부유식 액화천연가스 설비) 등 고수익 선종 수주 확대로 인한 낙수효과로 동사의 데크하우스 사업 부문의 매출이 증가되면서 실적 개선이 가속화되고 있다.

데크하우스 사업 부문 매출액의 경우 2022년 616억 원, 2023년 927억 원이며, 2024년 3분기 누적 918억 원으로 전년도 온기 매출 수준을 기록하고 있다. 이는 물량이 증가되는 환경하에서 다른 선박보다 LNG 운반선에 들어가는 데크하우스 단가가 높은데, 그 비중이 증가했기 때문이다.

무엇보다 테크하우스 사업 부문 영업이익의 경우 2022년 23억

【 오리엔탈정공 주가 추이 】

자료: 한국거래소

원, 2023년 92억 원이며, 2024년 3분기 누적 164억 원으로 실적 개선이 가속화되고 있다.

크레인 사업 부문 매출액의 경우 2023년 647억 원, 2024년 3분기 누적 587억 원으로 증가세에 있다. 무엇보다 크레인 사업 부문의 영업이익의 경우 2023년 35억 원, 2024년 3분기 누적 44억 원으로 실적 개선이 가속화되고 있다. 이는 LNG 운반선 관련 수주 확대로 크레인 물량이 증가했기 때문이다. 이와 같이 전방산업 호조로 인한 LNG 운반선 관련 수주 확대로 실적 개선이 가속화되고 있다.

향후에도 삼성중공업의 LNG선, FLNG 등 고수익 선종 수주 잔고를 기반으로 한 데크하우스 사업 부문 매출 확대뿐만 아니라 크레인 사업 부문의 LNG 운반선 관련 수주 확대로 실적 개선이 지속될 것으로 예상된다.

LS에코에너지(229640)

- 베트남 1위 전선 기업
- 미국 및 베트남에서 데이터센터/전력 수요 증가 수혜

동사는 지난 2015년에 설립된 외국기업지배지주회사로서 LS전선으로부터 베트남의 LS-VINA 및 LS Cable & System Vietnam 의 지분을 현물출자받았다. 주력 자회사인 LS-VINA는 베트남 내 1위 전력케이블 생산업체로서 전력선(초고압, 중압, 저압, 가공선, 빌딩 와이어 등) 및 소재(Cu Rod, Al Rod) 생산을 주력으로 제조하고 있으며, LS Cable & System Vietnam은 전력선(중압, 저압, 빌딩와이어 등) 및 통신선(UTP, 광케이블), 부스닥트(Busduct) 등을 주력으로 생산하고 있다. 또한 미얀마 시장을 선점하고자 2015년도에 LS-Gaon Cable Myanmar를 설립했고, 미얀마에서 전력선(가공선, 저압) 등을 생산하고 있다.

전 세계적으로 초고압 케이블과 UTP 수요 증가
⇒ LS전선과의 교차판매 등으로 수주가 늘어날 전망이다

노후 전력망 교체, 신재생에너지 공급, AI 등으로 인한 데이터센터 건설 등 전력 사용량 증대로 전 세계적으로 전력망 구축 프로젝

트가 증가함에 따라 초고압 케이블 등 전선에 대한 수요는 지속적으로 증가할 것으로 예상된다.

이러한 환경하에서 동사는 LS전선과의 교차판매 전략을 통해 유럽과 아시아 시장에서 초고압케이블 사업을 확대하고 있을 뿐만 아니라 북미시장에서는 UTP 등의 지속적인 수출 확대를 추진하고 있다. 이러한 LS전선과의 교차판매 등으로 동사는 덴마크 에너지 공기업 에네르기넷에 2024년 4월부터 향후 3년간 약 3,051만 달러 규모의 초고압 케이블을 공급할 예정이다.

미국 및 베트남 등에서 데이터센터용 통신 케이블 등 제품 공급 확대중 ⇒ 미국의 중국산 배제 정책 기조 지속되면서 동사 수혜

버스덕트는 금속 케이스 안에 판형 도체를 넣어 전력을 공급하는 고부가가치 제품으로 플랜트, 빌딩, 아파트 등에서 대용량 전력을 공급할 때 전선을 대신해 사용한다.

동사는 IDC에 특화해 개발한 버스덕트를 지난해 6월, 베트남 국영 인터넷 기업인 비엣텔넷(Viettel Net)사가 하노이 인근 화락 하이테크 단지에 건설중인 대규모 IDC에 공급했다. IDC에 이러한 버스덕트를 사용하면 전력 소모를 전선 대비 30% 이상 줄일 수 있다.

다른 한편으로는 UTP의 경우 미국의 중국산 배제 정책 덕분에 대미 수출이 증가하고 있는 중이다. 무엇보다 고부가가치 제품인 CAT.6 이상의 UTP를 통해 데이터센터, 관공서, 빌딩 등 프로젝트 기반의 고객 비중이 점진적으로 확대되고 있다.

이러한 환경하에서 동사는 지난해 7월, UL로부터 알루미늄 지중 (URD) 전력 케이블의 안전인증을 획득함에 따라 북미지역의 수출 제품 라인업이 확대되었다. 지중(URD) 전력 케이블은 주로 태양광 발전소와 데이터센터 등을 연결하는 각종 배전망에 사용된다. 최근 관련 산업의 확대로 인해 수요가 증가하고 있는 환경하에서 미국이 중국산 알루미늄에 고율의 관세를 부과함에 따라 중국 외 기타국가의 알루미늄 지중(URD) 전력 케이블 판매가 급증하고 있다. 이와 같은 우호적인 환경 조성으로 동사 매출이 증가할 수 있을 것이다.

이렇듯 동사는 미국과 베트남 시장에서 데이터센터용 통신 케이블 등 제품 공급을 확대중에 있다. 특히 미국의 중국산 배제 정책 기조가 지속되면서 동사가 성장할 수 있는 기반이 조성될 것이다.

희토류의 탈중국화 밸류체인 구축 가시화로 2025년부터 성장성이 부각될 전망이다

2023년 기준 전 세계 희토류 부존량은 1억 1,582만 톤으로, 중국 (4,400만 톤), 베트남(2,200만 톤), 브라질(2,100만 톤), 러시아(1,200만 톤) 등 상위 4개국의 희토류 부존량이 전체 부존량의 84%를 차지한다. 첨단산업 발달로 희토류 수요가 급증하고 있는 가운데 공급이 수요에 크게 못 미치는 상황이다. 무엇보다 2023년 기준 중국의 희토류 광물 생산량은 24만 톤으로 전 세계 생산량의 68%를 차지해 중국에 대한 높은 의존도를 낮추기 위해 베트남이 중요한 대안으로 부상하고 있다.

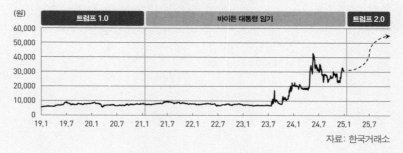

【 LS에코에너지 주가 추이 】

자료: 한국거래소

　이러한 환경하에서 2024년 1월, 동사는 베트남 광산업체인 홍틴 미네랄과 희토류 산화물 구매 계약을 체결함에 따라 2025년부터 연간 500톤 이상을 공급할 계획이다. 즉 동사는 홍틴 미네랄이 정제한 네오디뮴, 디스프로슘 등을 국내외 영구자석 업체 등에 공급할 예정이다.

　향후 동사는 베트남 현지 자회사 유휴 부지에 희소금속·합금 공장을 건설할 계획으로 해당 공장에서 생산된 금속 부품을 LS에코첨단소재에 공급하는 등 희토류의 탈중국화 밸류체인을 구축하면서 성장성 등이 부각될 것이다.

두산에너빌리티(034020)

- 발전설비 제작 및 시공 전문 기업
- 글로벌 원전 확대 정책의 최대 수혜주

동사는 산업의 기초 소재를 생산하는 주조/단조부터 원자력, 화력 등의 발전설비, 해수담수화 플랜트, 환경설비 및 연료전지 등 신재생 관련 기자재 등을 제작해 국내외 플랜트 시장에 공급하는 대표적인 발전설비 제작 및 시공 전문 기업이다.

향후 5년간 유럽, 중동 등에서 대형 원전 10기 이상 수주가 가시화될 전망이다

동사는 원전의 핵심 설비인 원자로, 증기발생기, 냉각펌프 등과 핵연료 취급 설비, 핵연료 운반 용기(Cask) 및 원자로 계통 보조기기의 대부분을 제작해 공급하고 있다. 이러한 환경하에서 체코 정부가 2024년 7월, 두코바니 2기(5·6호기) 원전 건설 계획을 확정해 한수원을 우선협상자로 선정함에 따라 2025년 3월에 최종 계약이 체결될 예정이다. 이와 관련해 동사의 경우 원자로와 증기 발생기, 냉각 펌프를 포함한 1차 계통 핵심 주기기뿐만 아니라 체코 자회사인 두산스코다파워 등을 통해 증기터빈 등 2차 계통 핵심 주기기의 수주가 가시화될 것이다. 그리고 시공의 일정 부분도 참여할 것이다.

또한 UAE의 바라카 원전 1~4호기의 성공적인 수행 등을 고려할 때 향후 원전 5, 6호기 사업이 추진될 가능성이 크다. 네덜란드의 경우 신규 원전 2기 건설을 추진중에 있는데, 2025년 입찰에 참여해 2028년 착공에 들어갈 예정이다. 이렇듯 향후 5년간 유럽, 중동 등에서 대형 원전의 발주가 본격화될 것으로 예상됨에 따라 10기 이상의 동사 수주가 가시화될 수 있을 것이다.

다른 한편으로는 웨스팅하우스의 경우 AP1000 원자로 등으로 미국과 중국 등에서 원전을 건설했는데, 이 중 대부분의 증기발생기 등을 동사가 공급했다. 웨스팅하우스의 경우 현재 전 세계적으로 6기의 AP1000을 운영하고 있으며, 8기를 추가로 건설하고 있어서 2030년에는 AP1000 기반의 원전 18기 운영을 목표로 하고 있다. 이에 따라 향후 웨스팅하우스향 증기발생기 등의 수주가 가시화될 것이다.

향후 5년간 모듈 62기 수주 등에 힘입어 글로벌 SMR 파운드리로 거듭날 전망이다

동사는 뉴스케일파워 지분 투자 등을 통해 뉴스케일파워의 SMR 주요 기자재 등을 동사가 공급할 수 있는 기반을 마련했다. 그동안 동사는 제작성 검토 용역과 원자로 소재 제작 등을 수행하며 뉴스케일파워와의 협력을 강화해왔다.

루마니아 SMR 사업의 경우 뉴스케일파워 기술을 기반으로 기

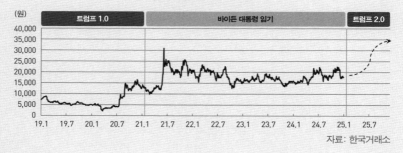

【 두산에너빌리티 주가 추이 】

트럼프 1.0　　　바이든 대통령 임기　　　트럼프 2.0

자료: 한국거래소

존 도이세슈티 지역에 위치한 석탄화력발전소를 폐쇄하고 462MW (77MW모듈×6기) 규모의 SMR로 교체하는 사업으로, 2026년 착공해 오는 2030년 상업 운전을 목표로 하고 있다.

2024년 10월, 뉴스케일파워는 미국 플루어와 루마니아 SMR 사업 관련 기본설계(FEED) 2단계 계약을 체결했다. 이에 따라 향후 동사의 SMR 기자재 공급도 가시화될 것이다. 무엇보다 뉴스케일파워는 다수의 빅테크 기업과 데이터센터 전력 공급을 논의중이다.

다른 한편으로는 2023년 1월, 미국의 4세대 고온가스로 SMR 개발사인 엑스에너지와 지분투자 및 핵심 기자재 공급을 위한 협약을 체결했다. 2024년 10월, 아마존은 이러한 엑스에너지에 5억 달러 투자를 발표했으며, 2039년까지 5GW 이상의 엑스에너지 SMR을 도입할 예정이다.

이와 같이 뉴스케일파워, 엑스에너지 등과의 협력 등을 통해 동사는 향후 5년간 모듈 62기 수주 등이 가시화되면서 글로벌 SMR 파운드리로 거듭날 수 있을 것이다.

한전기술(052690)

- 국내 독보적인 원자력발전소 설계 엔지니어링 전문 기업
- 글로벌 원전 확대 ⇒ 원전 히어로로의 부활

　동사는 지난 1975년에 설립된 발전소 및 플랜트 관련 엔지니어링 전문 기업으로 원자력 및 화력발전소 설계를 비롯해, 발전설비 O&M, 플랜트 건설사업 및 신재생에너지 관련 사업 등을 주력 사업이다.

　무엇보다 한국전력공사의 자회사로 국내 원자력발전소의 설계 및 엔지니어링을 독점적으로 맡고 있어서 원자력발전소 설계 엔지니어링 분야에서 동사는 국내 독보적인 위치에 있다. 즉 한빛 3, 4호기 원자력발전소 설계를 시작으로 다수호기의 원자력발전소 설계 업무를 독자적으로 수행하는 과정에서 1,000MW급 원자력발전소 설계를 한국형으로 표준화했다. 이후 국제 경쟁력을 보유한 1,400MW급 신형 경수로 설계기술(APR1400)을 개발했다.

혁신형 SMR 기술개발사업 관련 연구과제 수익이
2024년 5월부터 실적에 반영되며 성장성이 가시화되다

　혁신형 SMR 기술개발사업의 경우 2022년 정부의 예비타당성 심사를 통과했고 2023년부터 약 4천억 원의 예산을 투입해 2028년까

지 6년간의 일정으로 기술개발이 진행중이다.

2025년 말이 되면 원자력안전위원회에 표준설계인가를 신청하기 위한 표준설계를 완료하고, 3년간의 검증 및 인허가 과정을 거쳐서 2028년에는 혁신형 SMR에 대한 표준설계인가를 획득하는 것을 목표로 하고 있다.

이러한 혁신형 SMR 기술개발사업에서 동사의 경우 계통설계 및 BOP 종합설계 등의 핵심 2개 과제 주관 및 4개 과제 공동참여 등을 담당하고 있는데, 이는 전체 예산규모 약 4천억 원 중 25%에 해당된다. 이와 같이 동사가 1천억 원 규모의 연구과제를 수행할 예정이며, 이와 관련된 수익은 2024년 5월부터 2028년까지 영업외수익으로 인식해 실적에 반영될 예정이다. 이와 같은 수익이 동사 정관상 관련 사업 목적에 없기 때문에 매출액이 아닌 영업외수익으로 인식되는 것이다.

이러한 환경하에서 제11차 전력수급기본계획 실무안에서는 2034~2035년 모듈 4개로 구성된 SMR 1기 700MW를 국내에 건설하고, 2037년부터는 1.4GW급 신규 원전 3기를 순차적으로 건설한다는 계획이다.

무엇보다 이와 같은 혁신형 SMR 국내 사업화 등을 기반으로 글로벌 SMR 시장 진입을 목표로 하고 있기 때문에 이를 통해 동사 SMR 관련 수주 지속성 등이 높아질 수 있을 것이다.

체코 원전 수주 선정으로 유럽 진출의 교두보 마련
⇒ 수출 지역이 확대되어 밸류에이션이 리레이팅될 전망이다

체코 정부가 2024년 7월, 두코바니 2기(5·6호기) 원전 건설 계획을 먼저 확정해 한수원을 우선협상자로 선정했다. 2025년 3월에 최종 계약을 체결하고, 인허가 절차 등을 거친 이후 2029년 착공에 들어가서 2036년 1호기를 완공하고, 2호기는 1~2년의 간격을 두고 완공이 이루어질 전망이다.

네덜란드의 경우 현재 원전 1기를 운영중이며, 2035년 상업운전을 목표로 제일란트주 보르셀 지역에 1,500MW급 신규 원전 2기 건설을 추진중에 있다. 이러한 환경하에서 2023년 12월, 한수원은 네덜란드 경제기후정책부와 신규 원전 건설을 위한 기술 타당성 조사 계약을 체결함에 따라 공식적으로 네덜란드 신규 원전 수주 절차에 참여하게 되었다. 한수원과 경쟁하는 미국과 프랑스 원전 기업들도 별도로 네덜란드 원전 기술 타당성 조사를 수행할 예정이다. 이러한 기술 타당성 조사 등을 마친 이후 2025년 입찰에 들어가서 2028년 착공할 예정이다.

스웨덴의 경우 2022년 9월, 정권교체로 출범한 현 정부는 기간산업의 전력 수요 증가, 러-우 사태로 인한 에너지 대응 위기를 겪으면서 2023년 말 원자력발전법을 개정했다. 포르스마르크, 오스카르스함, 링할스 등 3곳에서 6기의 대형원전이 가동되고 있는데, 오는 2045년까지 신규 원전 10기 도입 추진 계획을 발표했다. 핀란드의 경우 국영 에너지회사인 포르툼에서 SMR과 대형 원자로의 향후 조

【 한전기술 주가 추이 】

(원)

| 트럼프 1.0 | 바이든 대통령 임기 | 트럼프 2.0 |

자료: 한국거래소

건에 대한 연구를 진행하고 있다. 이에 따라 한수원, 웨스팅하우스 등 여러 전기회사들과 협력 MOU를 맺으며 2030년 이후 새로운 원전 가동을 위한 계획을 추진중이다.

이와 같이 체코 원전 수주에서 우선협상자로 선정됨에 따라 유럽 진출의 교두보가 마련되었다. 이에 따라 향후 네덜란드, 스웨덴, 핀란드 등 진출에서도 우위 선점으로 수출 지역 확대 가능성이 높아지면서 동사의 밸류에이션이 리레이팅될 수 있을 것이다.

삼성물산(028260)

- 건설, 상사, 패션, 리조트, 식자재유통, 바이오의약품 위탁생산 및 바이오시
  밀러 사업 등을 영위
- 루마니아 SMR 사업 참전으로 성장성 가시화

동사 사업 부문은 국내외 건축, 토목, 플랜트, 주택 분야의 사업을 영위하는 건설 부문, 자원개발/철강/화학/소재 등 다양한 방면에서 국제무역을 하고 있는 상사 부문, 의류 수입 및 판매사업을 하는 패션 부문, 조경사업과 에버랜드(드라이파크), 캐리비안베이(워터파크), 골프장 등을 영위 운영하는 리조트 부문, 식자재유통사업(삼성웰스토리), 바이오의약품 위탁생산 및 바이오시밀러 사업 등을 영위하고 있다.

루마니아 SMR 사업의 기본설계(FEED) 참여로 향후 EPC 연계 수주가 가시화될 전망이다

동사는 1999년 울진 5·6호기 건설에 참여하며 원전 사업에 본격적으로 뛰어든 이후 2007년 신월성 1·2호기와 경주 방폐장, 2010년 UAE 1~4호기, 2015년 새울 3·4호기 등을 시공했으며 2023년 11월에는 한국수력원자력과 루마니아 원전 삼중수소제거설비 건설 계약을 체결했다.

이러한 환경하에서 동사는 SMR 시장 선점과 더불어 주도권 등을

확보하기 위해 그동안 뉴스케일에 7천만 달러를 투자했으며, 이를 바탕으로 뉴스케일이 동유럽을 비롯해 아시아 등 글로벌 시장에서 SMR 사업 확대 시 포괄적으로 협력하고 있다.

2023년 6월, 동사는 루마니아 원자력공사를 비롯해 이인프라, 노바파워앤가스, 미국 뉴스케일, 미국 플루어 등 5개사와 루마니아 SMR 사업의 전 과정을 협력하고 유럽 지역에 사업 확대를 위한 업무협약(MOU)을 체결했다.

이에 따라 2024년 7월, 동사는 미국의 플루어, 뉴스케일, 사전트 앤 룬디 등 글로벌 엔지니어링 기업 3개사와 루마니아 SMR 사업의 기본설계(FEED)를 공동으로 진행하기로 했다. 이러한 기본설계(FEED)는 인허가·공사비·공사기간 등 프로젝트의 사전 계획 수립과 EPC 수행을 위한 준비 단계다.

루마니아 SMR 사업의 경우 세계적으로 SMR 개발에 가장 앞서고 있다는 평가를 받는 뉴스케일 기술을 기반으로 기존 도이세슈티 지역에 위치한 석탄화력발전소를 패쇄하고 462MW(77MW모듈×6기) 규모의 SMR로 교체하는 사업으로, 2026년 착공해, 2030년 상업 운전을 목표로 하고 있다.

2024년 10월에 루마니아 SMR 사업에 필요한 사전 프로젝트 서비스 지원을 위해 미국 수출입은행(Exim)이 9,800만 달러의 대출을 승인했다. 이번 기본설계(FEED) 착수로 인해 루마니아 SMR 사업이 본궤도에 오르게 되었을 뿐만 아니라 동사의 경우 약 1년간 기본설계(FEED)에 대한 공동 수행을 한 이후 EPC 연계 수주가 가시화될

【 삼성물산 주가 추이 】

자료: 한국거래소

것으로 예상된다.

이와 같은 루마니아 SMR 사업의 기본설계(FEED) 참여로 글로벌 SMR 플레이어로 성장할 수 있는 교두보가 마련될 수 있을 것이다.

무엇보다 향후 SMR 시장이 급격하게 성장할 것으로 예상되는 가운데 뉴스케일과의 협업을 통해 동유럽을 비롯한 아시아 등 글로벌 시장에서의 주도권 선점과 사업 확대를 통해 성장성 등이 가시화될 것이다.

콘스텔레이션 에너지(CEG-US)

- 전력 유틸리티 전문업체로서 미국 원자력 발전 1위 운영 사업자
- 미국에서 원전 재조명의 최대 수혜주

    동사는 미국에서 전기를 생산하고 판매하는 전력 유틸리티 전문업체로서 미국 원자력 발전 1위 운영 사업자다.

    2023년 말 기준 동사는 33GW 규모의 발전 용량을 갖추고 있으며, 전력 발전원별로는 원자력 67%, 천연가스 25%, 신재생에너지 8%로 구성됨에 따라 전체 전력 발전의 2/3가 원자력 발전이 차지하고 있다.

    2023년 기준으로 동사는 전력의 수요와 공급에 따라 전력 가격의 유연성이 높은 소매시장에 70%를 공급했으며, 나머지 30%는 도매시장에 공급했다.

전력수요 폭증으로 미국에서 폐원전 재가동과 함께 기존 원전의 수명 연장으로 원전이 재조명되다

    AI, 반도체, 전기차 등이 성장하면서 에너지 수요도 증가하고 있는데, 특히 생성형 AI 등으로 인한 데이터센터 건설 등으로 전력 사용량 증대가 예상된다. 이에 따라 세계에너지기구(IEA)에서는 미국

내 데이터센터의 에너지 소비량은 2022년 200TWh에서 2026년 260TWh까지 증가할 것으로 전망하고 있다.

이렇게 전력 수요가 폭증하고 있지만, 발전량을 증가시키기는 쉽지 않다. 무탄소 에너지이면서도 안정적인 전력 공급 측면에서 원전이 부각되고 있지만 대형 원전의 경우 인허가부터 오래 걸리는 데다가 가장 최근 지어진 보글(Vogtle) 원전의 경우 초기 추정 예산 및 기간의 2배 이상이 소요된 바 있다. 또한 대형 원전의 대안으로 떠오른 SMR의 경우 아직 개발중으로 상업 운전까지는 더 많은 시일이 소요될 예정이다. 이러한 상황으로 인해 신규 대형 원전 건설이나 SMR 개발보다는 더 빠른 폐원전의 재가동과 더불어 기존 원전의 수명 연장에 초점을 맞추고 있다.

현재 미국에서는 22개의 원자력 발전소가 해체 절차를 밟고 있는데, 그중 일부 원전의 경우 재가동이 가능한 상태다. 기존 원전의 수명 연장도 활발하게 진행중이다. 2023년 이후 약 20개가 넘는 발전소가 수명 연장을 신청하거나 신청 의향을 표명한 상황인 것으로 집계되고 있다. 코만치 피크 1·2호기가 2024년 7월 말(1차), 노스 안나 1·2호기가 8월 말(2차)에 수명 연장이 허가되었다.

가동 중단된 원전의 재가동과 함께
기존 원전의 수명 연장에 힘입어 성장성이 가속화되다

동사의 원자력 발전 용량은 22GW로 2위 사업자인 Vistra Energy 와 비교해 생산 능력이 3.5배 이상 높은 상황이다. 이에 따라 미국에

【 콘스텔레이션 에너지 주가 추이 】

(달러) | 트럼프 1.0 | 바이든 대통령 임기 | 트럼프 2.0

자료: Bloomberg

서 폐원전의 재가동과 함께 기존 원전의 수명 연장에 초점을 맞추고 있는 상황하에서 동사의 최대 수혜가 예상된다.

이에 2024년 9월, 미국 펜실베이니아주의 스리마일섬 원전을 소유하고 있는 동사가 마이크로소프트(MS)와 20년간 전력 판매 계약을 체결해 스리마일섬 원전 1호기 재가동을 위한 기반을 마련했다.

재가동 시점은 2028년으로, 스리마일섬 원전 1호기가 2019년 경제성이 떨어진다는 이유로 가동을 중단한 이후 9년 만이다. 동사는 아마존과 대량의 전기를 공급하는 계약도 조율하고 있는 중이다.

미국에서 전력 수요가 폭증하는 환경하에서 이와 같이 가동 중단된 원전의 재가동과 함께 기존 원전의 수명 연장 등으로 인해 동사의 성장성 등이 가속화되면서 밸류에이션이 리레이팅될 것이다.

비스트라 에너지(VST-US)

- 천연가스와 석탄·원자력·신재생에너지 등을 발전원으로 삼고 전력을 생산하는 독립발전회사(IPP)
- AI로 인한 데이터센터 수요 확대로 전력 가격이 상승하면서 수혜가 예상된다.

동사는 천연가스와 석탄·원자력·신재생에너지 등을 발전원으로 삼고 전력을 생산하는 독립발전회사(IPP)다. 2023년 기준으로 발전원별 전력 생산량은 천연가스 66%, 석탄 23%, 원자력 7%, 신재생에너지(태양광/배터리) 4% 등이다.

동사는 콘스텔레이션 에너지의 뒤를 잇는 미국 2위 원전 업체이기도 하다. 2023년 기준으로 원전의 비중은 7%에 불과했지만 2024년 3월, 관련 발전소를 보유한 에너지하버를 인수함으로써 비중이 확대되었다. 즉 동사의 원전 발전 용량은 각각 4개소(보유 원자로 총 6기)와 6,400MW(콘스텔레이션은 2만 1,000MW)로 증가했다.

주력 지역인 텍사스를 포함한 19개 주와 워싱턴 등에 주거용 전력을 제공하고 있으며, 지역의 공공 전력망 사업자들에게 전기를 판매하고 있다.

AI로 인한 데이터센터 수요 확대로
전력 가격이 상승하면서 수혜가 예상된다

미국 전력시장은 규제 전력시장과 IPP로 구분된다. 규제 전력시장에 속한 기업은 발전·송전·배전·판매가 수직적으로 통합된 회사로 이들의 전기 요금은 주 당국의 규제를 받는다. 반면에 IPP에서는 전력 가격이 수급에 따라 결정되지만 발전과 송·배전, 소매가 분리되어 있다. 동사와 같은 IPP 회사는 발전에 특화되었다.

규제 대상 전력회사는 당국으로부터 수익 구조의 안정성을 담보받지만 수익 수준이 제한되어 있다. 전력 수급 상황이 긴축적으로 변해 전력 가격이 장기간 상승할 것으로 전망되는 환경에서는 수익 구조가 자유로운 IPP 같은 회사가 유리하다. 이러한 환경하에서 대량의 데이터를 고속 처리하는 AI 연산을 위해서는 관련 연산용 칩이 대거 구축된 데이터센터가 필요하다. 또한 대형 데이터센터를 운영하는 빅테크 업체들은 신속하고 안정적으로 전력을 공급받기를 원한다.

【 비스트라 에너지 주가 추이 】

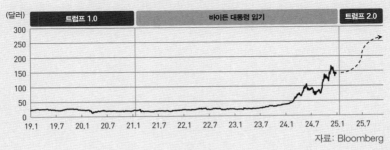

자료: Bloomberg

이에 따라 동사의 전력 발전량 증가 가능성이 높아질 뿐만 아니라 동사의 주력 지역인 텍사스는 데이터센터가 몰려 있기 때문에 수요 확대로 인해 전력 가격이 상승중에 있다.

이와 같이 AI로 인한 데이터센터 수요 확대로 전력 가격이 상승하면서 동사 실적 개선이 가속화될 수 있을 것이다.

GE 버노바(GEV-US)

- 전력(Power), 풍력(Wind), 전기화(Electrification) 등의 사업을 영위하고 있음 ⇒ 글로벌 1위 가스터빈 사업자
- 트럼프 2.0 시대 가스발전 확대 최대 수혜주

GE가 에너지, 에어로스페이스, 헬스케어 등 3개 사업 부문으로 분사했는데, 동사는 에너지 관련 사업부가 분리되어 2024년 4월, 상장했다. 이에 따라 동사는 가스, 증기, 원전, 수력, 육상·해상풍력 발전뿐만 아니라 전력 인프라 장비·서비스 사업자로서 에너지 생성, 송배전, 그리드 솔루션을 포괄하는 다양한 사업 등을 영위하고 있다.

동사의 사업 부문은 전력(Power), 풍력(Wind), 전기화(Electrification)로 구성된다. 먼저 가스터빈을 주축으로 하는 전력 부문의 경우 가스·수력·증기 터빈 제조 및 판매와 더불어 관련 장비의 유지보수를 담당하고 소형 원자로 기술도 개발한다. 전 세계적인 탈탄소 움직임과 천연가스 가격 하락에 따른 수요 확대 속에 동사의 가스터빈 사업의 경우 독일의 지멘스 에너지, 일본의 미쓰비시 파워와 세계 선두 자리를 다투면서 글로벌 1위 자리를 지키고 있다.

또한 풍력 부문은 육상 및 해상 풍력 터빈과 블레이드 등을 공급하고 있으며, 전기화 부문은 송·배전 장비를 제조 및 판매하고 있을 뿐만 아니라 에너지관리시스템 소프트웨어를 공급하고 있다.

2024년 3분기 누적기준으로 동사의 사업 부문별 매출구성은 전력 51.5%, 풍력 26.7%, 전기화 21.8% 등으로 분포되어 있다.

석탄발전 전환과 AI 데이터센터의 신규수요 확대로 가스발전 수요 증가 ⇒ 글로벌 1위 가스터빈 사업자로서 P와 Q가 상승하는 수주 증가중

2023년 기준으로 석탄발전은 가장 탄소집약적인 화석 연료임에도 불구하고 여전히 전 세계 전력 생산량의 3분의 1 이상을 공급하고 있으며, 가스발전의 경우 전세계 전력 생산량의 22% 이상을 차지하고 있다.

전 세계 평균적으로 가스발전은 석탄 대비 탄소 배출량을 최대 45%까지 줄일 수 있기 때문에 단기적으로 전 세계 많은 지역에서 배출량 감소를 위해 석탄에서 가스로의 전환이 이루어질 것이다. 중장기적으로는 터빈을 천연가스에서 수소로 전환하고 탄소포집 솔루션을 도입하면 탄소 배출량을 낮추거나 거의 제로에 가깝게 줄일 수 있다.

이러한 환경하에서 AI 데이터센터의 신규 수요는 미국뿐만 아니라 기타 지역에서 확대됨에 따라 전력 수요가 증가하고 있는 중이다. 무엇보다 하이퍼스케일러(hyperscaler)의 데이터센터 규모가 커지면서, 이를 충당하기 위한 발전설비로 가스터빈도 대형화되고 있다.

다른 한편으로는 트럼프 2.0 시대에는 대대적인 석유·천연가스 개발과 생산에 나서면서 LNG 수출을 확대할 것으로 예상된다. 이에 따라 전력수요가 증가하고 있는 환경하에서 전 세계적으로 가스발

【 GE 버노바 주가 추이 】

(달러)

트럼프 1.0　　　　　바이든 대통령 임기　　　　　트럼프 2.0

600
500
400
300
200
100
0

19.1　19.7　20.1　20.7　21.1　21.7　22.1　22.7　23.1　23.7　24.1　24.7　25.1　25.7

자료: Bloomberg

전이 확대할 수 있는 기반이 마련될 것이다.

이에 따라 글로벌 1위 가스터빈 사업자인 동사의 최대 수혜가 예상되면서 전년동기 대비 P와 Q가 상승하는 수주가 증가하고 있는 중이다.

무엇보다 글로벌 빅테크 기업들과 가스터빈 공급계약이 예상됨에 따라 지난해 4분기에는 연중 최대 규모 수주가 기대된다.

이러한 수주 증가는 향후에도 지속될 것으로 예상됨에 따라 이와 같이 증가되는 수주 잔고를 기반으로 향후 실적 개선이 가속화될 것이다.

뉴스케일파워(SMR-US)

- 소형모듈원자로(SMR) 설계 및 판매 사업을 영위
- SMR 성장성 부각

동사는 2007년 설립되어 소형모듈원자로(SMR, small modular reactor) 설계 및 판매 사업을 영위하고 있다.

SMR은 전기 출력 300MW 이하 소형 원자로를 가리키며, 동사의 SMR은 원자로와 증기발생기, 가압기, 주배관 등을 지름 4.5m, 높이 23m인 하나의 원자로 용기에 모두 담은 일체형이다.

동사 SMR 발전소인 보이그르(VOYGR)는 1기당 77MW의 전기를 생산할 수 있는 원자로 모듈인 뉴스케일 파워 모듈(NPM, 뉴스케일이 개발한 SMR의 핵심 설비)을 최대 12개까지 수용해 총 924MW의 전력을 생산할 수 있다.

루마니아 등 다수의 프로젝트가 진행되면서 성장성이 더욱 부각될 전망이다

생성형 AI의 확산에 따라 데이터센터를 중심으로 전력 소비가 늘면서 향후 무탄소 발전원인 SMR 수요가 확대될 것이다. 이러한 환경하에서 동사는 미국 원자력규제위원회로부터 2020년 50MW 기

【 뉴스케일파워 주가 추이 】

(달러)

| 트럼프 1.0 | 바이든 대통령 임기 | 트럼프 2.0 |

자료: Bloomberg

준으로 표준설계 인가를 받은 이후 77MW 표준설계 인가를 2025년
7월 이전까지 승인받을 예정이다. 이와 같이 경쟁자들 대비 표준설
계 인가를 빠르게 받는다는 점에서 다수의 프로젝트 등을 선점할 수
있는 기반을 마련할 수 있을 것이다.

다른 한편으로는 루마니아 SMR 사업은 세계적으로 SMR 개발에
있어 가장 앞서고 있다는 평가를 받고 있는 가운데, 동사 기술을 기
반으로 기존 도이세슈티 지역에 위치한 석탄화력발전소를 패쇄하고
462MW(77MW모듈×6기) 규모의 SMR로 교체하는 사업이다. 2026년
착공해 2030년 상업 운전을 목표로 하고 있다. 기본 설계(FEED) 2단
계가 2025년 말까지 마무리될 예정으로 동사는 2025년 루마니아
프로젝트에 대한 본 계약이 체결될 것으로 예상된다.

2030년 상업 운전을 목표로 하기 때문에 향후 원자로 기기 및 장
비 등이 도입되면서 본격적인 매출이 발생할 것으로 전망된다. 이러
한 루마니아 SMR 사업뿐만 향후 다수의 프로젝트가 진행되면서 성
장성 등이 부각될 수 있을 것이다.

플로우서브(FLS-US)

- 산업용 펌프, 밸브, Seal 등을 공급하는 업체
- 원전 르네상스 수혜

동사는 산업용 펌프, 밸브, 씰(Seal) 등을 공급하는 업체로서 매출액의 70%를 차지하는 펌프사업 부문과 매출액의 30%를 차지하는 유체제어 사업 부문 등이 있다.

펌프사업 부문에서는 유체에 원심력을 가해 이송을 가능하게 하는 원심펌프나 낮은 곳에 있는 물을 높은 곳으로 퍼 올리는 양수펌프 등과 함께 기계에서 유체가 새지 않도록 막는 Seal 제품 등도 공급한다. 유체제어 사업 부문에서는 여러 산업용 밸브와 유체 흐름 제어용 스위치 등을 공급한다.

미국, 유럽에서의 원전 건설이나 수명 연장 흐름 등 '원전 르네상스'를 통해 수혜가 예상된다

2023년부터 중동에서 원유 의존도 축소와 탈탄소화 흐름 부응을 위한 천연가스 생산·처리시설 확충뿐만 아니라 석유화학 프로젝트 건설 등이 증가하면서 동사의 실적이 개선되기 시작했다.

다른 한편으로는 동사가 원전에 공급하는 제품은 원자로 및 증기

【 플로우서브 주가 추이 】

(달러)

| 트럼프 1.0 | 바이든 대통령 임기 | 트럼프 2.0 |

100
80
60
40
20
0

19.1 19.7 20.1 20.7 21.1 21.7 22.1 22.7 23.1 23.7 24.1 24.7 25.1 25.7

자료: Bloomberg

발생기에 물을 공급하는 원자력펌프, 증기 및 물의 흐름을 제어하고 차단하는 주증기와 주급수 격리 밸브, 밸브를 원격으로 조작하는 액추에이터, 1차 냉각재 펌프에서 방사성 물질을 포함한 냉각수가 새지 않도록 하는 씰(N-Seal) 등이다. 모두 원전 가동에 필수적인 부품이다.

이렇듯 동사가 원전에 공급하는 제품은 원전의 기본적인 작동과 안전에 필수적인 역할을 한다는 점에서 미국 및 유럽에서 원전 건설이나 수명 연장 흐름 등 원전 르네상스에서 수혜가 가능할 것이다.

무엇보다 지금까지 동사는 200여 곳의 원자로에 5천여 개의 펌프와 1만 500여 개의 밸브를 설치한 실적을 보유하고 있다. 이런 광범위한 설치 기반은 안정적인 수입원이 된다. 양산형 초기 설치제품에 비해 소량 다품종으로 생산되는 교체 부품은 단가가 높은 측면이 있어 매출 안정성뿐만 아니라 수익성을 개선시킬 수 있을 것이다.

PART
03

- 정부효율부를 이끄는 일론 머스크에 의한 AI의 활성화
- AI가 각종 산업에 접목되며 대전환 변곡점에 서다
- 트럼프 2.0 시대의 AI, 로봇 관련 투자 유망주

테마 2: 규제 완화 및 패권전쟁으로 AI, 로봇 산업이 뜬다

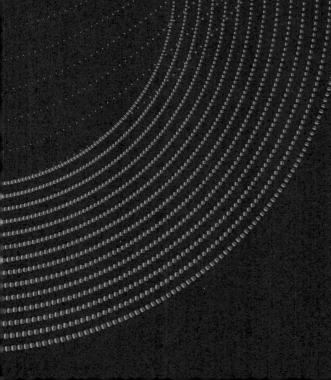

정부효율부를 이끄는
일론 머스크에 의한 AI의 활성화

트럼프 2.0 시대에서는 AI 산업의 혁신을 촉진하기 위해
규제를 완화하고 민간 자율성을 강화한다는 방향성으로
미국 AI 기업들의 경쟁력을 강화해 글로벌 기술 주도권을
확보하겠다는 의도를 가지고 있다.

트럼프 1.0 시대에서는 AI 분야의 글로벌 리더십을 확보하기 위한 포괄적 정책인 미국 AI 이니셔티브(American AI Initiative) 등을 추진했으며, 이 정책의 목표는 '미국의 AI 기술 우위 유지와 국가 안보, 경제적 이익의 강화'였다. 이 정책으로 말미암아 정부와 민간 부문에서의 투자와 지원 등으로 AI 연구개발 강화, 인재 육성 및 일자리 창출, 민간 주도 산업혁신, 국가 안보 강화 등이 이뤄지면서 미국이 AI 분야의 국제 경쟁에서 리더십을 확보하는 원동력이 되었다.

트럼프 2.0 시대에는 AI 맨해튼 프로젝트가 추진될 것이다. 이는 2차 세계대전 당시 핵무기를 개발해 국제 안보 지형을 바꿔가면서

패권을 장악했듯이 이번 경우에는 AI 등으로 기술 헤게모니를 확고히 하겠다는 선언이다. 즉 AI를 통한 국가 안보 강화뿐만 아니라 중국 등 경쟁국을 압도할 수 있는 기술적 우위를 확보하려는 의지가 담겨 있다.

AI 기업들에 대한
혁신적이고 친화적인 분위기

이러한 환경하에서 트럼프 2.0 시대에 신설된 정부효율부(DOGE, Department of Government Efficiency)의 수장으로 테슬라 최고경영자(CEO)인 일론 머스크가 임명되었다. 정부효율부(DOGE)는 연방정부의 재정 및 성과에 대한 감사를 수행하고 규제 완화 등을 구상하는 기구다. 이 기구를 통해 향후 규제 완화 등을 통한 행정 감축뿐만 아니라 행정부 예산 운영을 점검함으로써 재정집행 측면에서 낭비성 예산 사업에 대한 재정지출을 줄이는 활동 등을 주도할 것으로 예상된다.

이에 따라 트럼프 2.0 시대에서는 규제 완화와 혁신이 수반된 AI 관련 정책들이 AI 활성화의 물꼬를 틀 것이다.

가령 정부 운용 측면에서 반복적이고 불필요한 행정에 대해 AI 등 다양한 기술 등을 활용해 비용을 절감하는 동시에 공공 서비스의 품질 개선 등을 통해 정부 효율화를 추구할 수 있을 것이다.

결국에는 정부 관료제의 비효율성을 제거하는 동시에 기업가적인 혁신정신을 정부 운영에 도입함으로써 정부의 AI 등 다양한 기술에 대한 규제 완화가 가속화되면서 관련 산업 성장에 기여할 것이다.

이에 따라 트럼프 2.0 시대에서는 일론 머스크가 미국의 ICT 지형을 형성하는 데 중요한 역할을 할 것으로 예상됨에 따라 기술 기업 등은 일론 머스크 비전에 부합하는 전략을 수립해 시장 내 입지를 제고할 수 있을 것이다.

다른 한편으로는 트럼프 2.0 시대에 AI와 암호화폐 분야에서 미국의 경쟁력을 강화하는 중추적 역할을 맡게 될 AI·암호화폐 차르(AI & Crypto Czar)로 기술규제에 비판적인 데이비드 삭스(David Sacks) 전 페이팔 임원이 임명되었다. 이러한 AI·암호화폐 차르의 경우 AI 측면에서는 AI 관련 규제조율 및 국가전략 수립, AI 기존 규제완화 및 민간혁신 촉진, 공공과 민간의 AI 개발협력 강화 등에서 역할을 할 것으로 예상된다.

이러한 환경하에서 트럼프 2.0 시대에는 규제 환경을 완화시켜 AI 기업들의 규정 준수 부담을 줄일 뿐만 아니라 혁신적이고 친화적인 분위기를 조성할 가능성이 높다.

이에 따라 트럼프 대통령은 2025년 1월 20일, 취임과 동시에 바이든 전 대통령이 지난 2023년 도입한 '안전하고 신뢰할 수 있는 AI의 개발 및 활용에 관한 행정명령'을 공식적으로 폐기했다. 이번에 취소한 행정명령에 따르면 AI 개발 기업은 미국의 안보, 건강, 안전을 위협할 수 있는 AI 모델에 대해 정부 검증 전문가 팀(AI 레드팀)의 안전성 검사를 받고 그 결과를 정부에 제출해야 한다. 이에 따라 오픈 AI나 메타 대규모 AI 모델 개발자는 안전 테스트 결과를 공유해야 한다.

이와 함께 취소한 행정명령에 따르면 미국 국립표준기술연구소(NIST, National Institute of Standards and Technology), 상무부, 에너지부 등은 AI 안전성 확보를 위한 표준 및 평가 방안을 마련해야 한다. 이에 상무부는 AI 기술로 만든 가짜 이미지 등의 콘텐츠 식별을 위해 워터마크 적용을 의무화하는 방안을 추진해야 하며, 관련 기업은 AI 개발 및 훈련 과정에서 개인정보 불법 사용을 규제하는 지침을 만들어야 한다. 또한 연방 정부의 AI 사용과 조달을 위한 지침을 개발해야 한다.

이와 같이 '안전하고 신뢰할 수 있는 AI의 개발 및 활용에 관한 행정명령'의 폐기는 민간 부문의 혁신과 성장을 강조하고 정부 개입을 최소화해 혁신을 우선한다는 취지다.

한편 현재 미국 AI 규제 생태계는 주(州) 단위의 AI 법률이 적용되고 있어서 관료 절차의 복잡성과 함께 비용이 많이 들어 미국 AI 산업의 경쟁력 약화로 이어질 수 있다.

이에 따라 트럼프 2.0 시대에서는 이러한 주(州)법을 대체할 수 있는 연방법률을 도입해 미국 AI 비즈니스 환경의 효율성을 개선하고 국제 시장에서의 경쟁력 강화를 추진할 것이다. 즉 연방정부는 AI 기업에 대한 일정 수준의 통제력을 유지함과 동시에 광범위한 혁신을 촉진할 수 있을 것이다.

자율주행 규제 완화 및
AI 활용한 국방혁신의 가속화

———————●———————

바이든 행정부는 AI 부문에서 미국의 우위 유지를 위해 고성능 그래픽 처리 장치(GPU, Graphic Processing Unit), 고대역폭 메모리(HBM, High Bandwidth Memory), 반도체 장비 등에 대해 중국 수출을 규제해왔다.

이러한 환경하에서 중국 AI 기업 딥시크(Deepseek)가 2025년 1월 20일, 자체 AI 모델(Deepseek-R1)을 공개했는데, 뛰어난 성능과 가성비를 보유함에 따라 AI 산업 판도 변화 가능성이 제기되고 있다. 이러한 딥시크는 사람이 선별하는 데이터를 습득하는 지도학습이 아닌 스스로 데이터를 찾아 탐구하는 강화학습 방식을 채택하는 등 고도화된 추론 능력을 보유하고 있다. 중국은 기술혁신 자신감을 보여주기 위해 의도적으로 딥시크의 출시 시점을 트럼프 2기 출범 시기로 선택했다.

이러한 딥시크 사태로 중국에 대한 미국의 경계감이 더욱 커지고 있다. 이에 따라 트럼프 2.0 시대에는 기술 패권을 강화하기 위해 미국의 첨단 AI 반도체 칩에 대한 중국의 접근을 제한해 미국의 기술적 우위 보호를 더욱 강화할 뿐만 아니라 첨단규제 범위를 반도체에서 소프트웨어, 인력, 투자 등 다방면으로 확대할 것으로 예상된다.

트럼프 2.0 시대에는 AI 기반 자율주행 알고리즘을 기반으로 교통 부문 혁신을 촉진시키기 위해 자율주행차에 대한 규제 완화 및 지원을 강화할 것이다.

　미국자동차공학회(SAE)는 자율주행차를 5가지 단계로 구분하는데 고도 자율주행을 의미하는 레벨4는 만일의 사태에 대비하기 위해서 운전자가 반드시 운전석에 앉아야 한다. 반면에 완전 자율주행차인 레벨5는 운전대뿐만 아니라 가속 및 감속 페달조차 달리지 않는 모든 단계에서 운전자의 개입이 사라지는 단계다. 현재 미국의 연방규제는 일부 시험차를 제외하면 반드시 운전자가 운전석에 앉아 만일의 사태에 대비해야 한다는 규정이 존재한다.

　트럼프 2.0 시대에는 자율주행 기술 구현을 위한 이러한 관련 규제뿐만 아니라 자율주행차 충돌 데이터 보고 제도, 자율주행차 대량생산 및 운행 등에 대한 규제 등을 완화할 것이다. 이러한 규제 완화 등을 통해 자율주행차 발전을 가속화하면서 미국의 선두국 지위를 강화할 수 있을 것이다.

　한편 AI가 국방 및 방산 분야에 활용될 경우 군사적 우위를 놓고 경쟁하는 여타 국가들에 비해 확실한 기술적 우위를 차지할 수 있을 것이다. 특히 미국의 경우 현재 글로벌 군사적 패권을 놓고 중국과 국방 및 방위산업 분야에서 치열한 경쟁과 대립구도를 형성하고 있어서 AI 활용을 증가시킬 수 있는 요인이 될 수 있을 것이다.

　이에 따라 트럼프 2.0 시대에는 군사 및 국방의 목적으로 AI 기술을 활용하는 것이 더욱 강화될 것이다. 이러한 국방 목적의 최첨단 기술 개발을 위해 AI 기업과의 협력을 강화하고 있는 중이다.

　미래 전장에서는 탐지단계부터 시작해 결심의 과정을 거친 후 타격 이행까지 실시간으로 정보체계가 연동될 것으로 전망된다. 즉 레이더, 전자광학, 적외선, 소나, 전파감청 등 무수히 많은 센서와 가용 타격무기를 연결하는 네트워크하에서 AI를 기반으로 타깃을 식별·추적·조준하고, 무기를 추천해주며, 교전결과까지 확인해줄 수 있다.

이와 관련해 미국 국방부에서는 군사작전 데이터 분석, 전략수립, 위협 예측 등에 AI 기술이 적용될 뿐만 아니라 국경 단속 강화를 위해 AI 지원 감시탑, AI 로봇 순찰견, AI 안면 인식기술 등의 도입이 활성화될 것이다.

이와 같이 트럼프 2.0 시대에는 군사 전략에서 초연결성이 본격화 단계로 진입할 수 있을 것이다.

AI가 각종 산업에 접목되며 대전환 변곡점에 서다

트럼프 2.0 시대에는 금융, 제조, 소매, 헬스케어, 로봇, 자율주행,
온디바이스 AI, 보안 등 글로벌 산업 전반에 걸쳐 AI 등의
도입이 본격화되면서 산업구조의 혁신적인 변화뿐만 아니라
AI 및 로봇 성장세에 불을 당길 것이다.

트럼프 2.0 시대에는 글로벌 산업 전반에 걸쳐 AI 기술이 혁신을 주도하면서 산업 구조의 변화가 가속화될 것이다. 즉 그동안은 AI 학습 및 활용을 위한 데이터 수집, 구매, 구축 컨설팅, 분석 등과 연계된 생태계 등 공급자 중심의 시장이었으나 향후에는 AI를 활용해 제품 및 서비스를 생산하고 제공하는 영역인 수요자 중심의 시장으로 변화될 것이다.

AI 비즈니스 생태계는 공급자 측면에서 컴퓨팅 하드웨어, 클라우드, AI모델, AI서비스 등으로 구분되며, 엔비디아, 구글, 오픈AI 등 빅테크들은 압도적인 컴퓨팅 파워와 대규모 자본을 토대로 컴퓨팅

하드웨어, 클라우드 등 AI 인프라와 AI모델 등을 선점하고 있다.

AI모델 측면에서는 기존에 출시된 LLM(초거대언어모델)을 활용해 다양한 AI 서비스 및 애플리케이션들이 출시되고 있다. 또한 클라우드 기업들의 경우 AI 기술을 구독 방식으로 사용하는 AIaaS(서비스형 AI) 모델 중심으로 AI시장에 본격 참여하고 있다.

이에 따라 아마존, 마이크로소프트, 구글 등 주요 클라우드 서비스 제공업체들이 운영하는 하이퍼스케일 데이터센터가 급속도로 증가하는 중이다. 하이퍼스케일 데이터센터란 기존의 전통적인 데이터센터보다 훨씬 규모가 크고 서버가 장착되는 랙당 전력 요구량이 높다. 안정적인 전력 공급과 발열량을 낮추기 위한 유기적인 구조를 가졌기 때문에 AI 시대의 핵심 인프라로 떠오르고 있다.

특히 트럼프 2.0 시대에서는 미국 내 AI 기술뿐만 아니라 데이터센터 등 인프라의 확장과 발전에 큰 중요성을 부여하고, 데이터센터 개발을 가속화하기 위한 명확한 목표를 설정해 관련 투자를 증대하는 정책을 추진하고 있다.

이에 따라 트럼프 대통령은 취임 직후 에너지 비상사태를 선언했다. 이러한 에너지 비상사태를 통해 연방 정부는 데이터센터와 관련된 에너지 인프라 개발에 대해 환경 허가 검토 요구를 면제하고, 필요한 인가 절차를 신속하게 진행할 수 있는 권한을 부여받게 됨에 따라 데이터센터 개발 등이 가속화될 수 있다.

이러한 환경하에서 트럼프 대통령의 취임 둘째 날인 2025년 1월 21일에 스타게이트라는 새로운 민간 합작 투자가 발표되었다. 이러한 스타게이트 프로젝트의 초기 자본 투자는 소프트뱅크, 오픈AI, 오라클, MGX 등이 주도할 것이며, 주요 초기 기술 파트너는 Arm, 마이크로소프트, 엔비디아, 오라클, 오픈AI 등으로 알려졌다.

이러한 스타게이트 프로젝트는 미국 내 16개 주에 최대 20개의 대규모 AI 데이터센터를 건설하는 것을 주요 골자로 한다. 첫 투자 금은 1,000억 달러가 투입되고, 2029년까지 5,000억 달러까지 늘어 날 계획이다.

스타게이트 프로젝트의 첫 번째 데이터센터로 거론되고 있는 텍 사스주 에이블린의 데이터센터는 이미 1년 전에 오라클과 오픈AI가 협력해 건설에 착공했다. 초기 목표는 각각 50만 평방피트 크기의 10개 데이터센터를 건설한 후 미국 전역에 추가로 10개의 데이터센 터를 확장하는 것이다. 이러한 스타게이트 프로젝트를 통해 미국이 AI 분야에서 세계적인 리더로서 위치를 강화할 수 있을 것이다.

AI는 전 분야로 확대 적용되면서 성장세가 가속화될 것이다

이러한 환경하에서 AI의 범용적인 활용은 아직 초기 단계에 머물 고 있으나, 먼저 기업이 새로운 비즈니스 모델 및 가치 창출에 AI를 적극적으로 도입하면서 AI시장이 본격적으로 성장할 것으로 예상된 다. 즉 디바이스 등에 쉽게 탑재 가능한 AI의 특성과 더불어 수요자 중심의 AI 시장변화 등에 힘입어 AI는 전 분야로 확대 적용되면서 성장세가 가속화될 것이다. 바야흐로 AI의 활용이 2025년부터 금융, 제조, 소매, 헬스케어, 로봇, 자율주행, 온디바이스 AI, 보안 등 전 산업에 확대됨에 따라 성장세가 본격화될 것이다.

무엇보다 기업의 경우 AI가 기존 소프트웨어와 접목되어 생산성을 향상시키는 도구로서 효율성 및 수익성 향상에 크게 기여하면서 AI의 도입률은 빠르게 증가할 수 있을 것이다.

금융서비스 부문에서는 AI 기반의 백 오피스(Back Office) 업무 자동화가 가속화되면서 운영 효율성이 크게 개선될 것이다. 즉 AI가 거래처리, 데이터 조정, 정보 입력, 법규 준수, 부정거래 탐지 등 다양한 금융 업무에서 일상적으로 활용됨에 따라 운영비용을 크게 절감시키고 업무 효율성을 향상시킬 수 있을 것이다.

무엇보다 AI 챗봇 및 AI Agent가 단순 문의에 대한 응대를 넘어 고객 서비스의 핵심 플랫폼으로 자리잡을 수 있을 것이다. 여기에서 AI Agent란 인간의 개입 없이 스스로 환경을 인식하고, 데이터 분석 및 학습을 통해 문제를 자율적으로 해결할 수 있는 생성형 AI 시스템 기반의 기술이다.

이에 따라 AI Agent가 복합적인 업무 처리가 필요한 상황에서도 고객의 요구사항을 사전에 예측하고 맞춤형 해결책을 제시하는 등 고도화된 서비스를 제공할 것으로 예상된다. 이러한 AI Agent는 금융서비스 부문뿐만 아니라 2025년부터는 빅테크 중심으로 서비스가 본격화될 것이다.

제조업 부문에서는 AI 등으로 인한 소프트웨어 혁신이 전통적인 제조업 프로세스를 재구성하는 핵심 요소로 부각되고 있다. 즉 제조업체들은 실시간 데이터 분석, 예측 모델링, 운영 시뮬레이션 등 AI 첨단 소프트웨어 솔루션을 활용해 운영 프로세스를 간소화하고, 제품 품질을 개선하며, 고객 경험을 향상시키고 있다.

AI와 사물인터넷(IoT) 기술은 스마트 생산을 중심으로 제조업 혁신을 견인할 것이다. 유통 부문의 경우 AI 등으로 소비자들의 구매 이력을 분석해 맞춤형 상품 및 행사 정보를 제공하는 등 마케팅 측면에서 개인화가 이루어질 수 있을 것이다. 또한 AI 등을 활용해 소매 기업들의 재고 관리를 최적화하고 물류 프로세스를 간소화하며, 광범위한 공급망 차질이 발생하기 전에 위험을 예측하고 이를 완화하면서 공급망 탄력성도 강화할 것이다.

특히 자율주행 부문의 경우 생성형 AI 등으로 인해 자율주행 2.0 시대가 본격화될 것이다. 자율주행 1.0 시대에는 개별 탐지 영역에 있어서는 학습 기반으로 전환되었으나, 예측 부문과 기타 다른 영역에서는 규칙 기반 알고리즘에 생성형 AI가 적용되어 있는 경우가 많지 않았다.

생성형 AI가 적용되는 자율주행 2.0에서는 사물의 인식에서부터 차량의 제어까지 전 과정을 하나의 신경망 학습으로 처리하는 것을 의미하는 E2E(End-to-End) 방식을 적용했다. 이에 따라 사물 인식부터 시작해 계획을 거쳐 제어하는 결정 영역까지 하나의 학습 모델로 작동하면서 전후 관계를 파악해 사람과 유사한 형태의 추론이 가능해질 것이다.

이처럼 자율주행에 적용된 생성형 AI는 사람처럼 인식에서 행동까지 전체 데이터를 이용해 학습하고, 어떻게 주행해야 하는지를 판단하는 코드를 스스로 생성해 적절한 경로를 결정할 수 있어 코너 케이스를 어느 정도 극복하면서 자율주행 고도화에 기여할 것이다.

AI가 헬스케어, 로봇 등에 접목되면서
대중화를 이끌 것이다

헬스케어 부문의 경우 AI의 접목이 빠르게 이루어지고 있다. AI로 인해 방대한 양의 의료 데이터를 구축하고 이를 분석 및 해석함으로써 각종 질병의 예방, 진단, 치료, 관리 등 의료서비스의 전 주기에 걸쳐 혁신적인 변화가 일어나고 있다.

최근 헬스케어의 패러다임은 치료 방법 측면에서 과거의 환자 중심에서 개인의 체질과 건강 상태에 맞는 맞춤형 의료 서비스로 변화되고 있다. 또한 질병이 발생한 후 치료보다는 발병 전 예방을 중심으로 한 헬스케어 패러다임의 전환도 이루어지고 있다.

이에 따라 병원에서 제공하는 의료서비스도 기존의 환자 대상 치료 중심의 수동적인 패러다임에서 벗어나 유전체 검사–분석을 통해 특정 질병의 발병 가능성을 낮추는 예방적 조치로 확대되고 있다. 또한 암과 희귀질환의 진단과 치료에도 AI를 활용하는 등 예방

중심의 능동적인 정밀의료가 개인 맞춤형 헬스케어와 융합되어 예방적 의료서비스 등으로 새롭게 대두되고 있다.

이와 같이 AI를 활용한 딥러닝 기반의 학습 등을 통해 의료데이터를 분석하고 해석함으로써 의료진의 업무를 지원하고 의사의 판단을 보조할 수 있다. 신약 개발, 유전체학, 개인 맞춤형 의학 등으로 AI의 활용 영역을 확대하고 있는 중이다.

다른 한편으로는 전 세계적인 노동력 부족, 인건비 상승 및 고령화 등 사회구조적 변화, 리쇼어링 등 글로벌 공급망 재편으로 인해 로봇 도입이 점차 가속화되는 추세다.

이러한 환경하에서 정형화된 공간 내에서 단순 반복 작업에 활용되는 기존 로봇과는 달리 AI 등으로 인해 비정형 공간에서 범용화된 작업을 수행하는 로봇 등이 개발되고 있다.

AI 도입 이전 로봇들은 주로 제조업에서 자동화된 작업뿐만 아니라 프로그래밍에 의한 한정된 작업만 수행했다. 챗GPT를 비롯한 거대언어모델(LLM) 기반 생성형 AI가 인간의 능력 중 대화하고 추론하는 것을 흉내 낸 AI라면, 휴머노이드는 인간의 감각과 동작, 판단까지 모방하는 물리적 신체를 가진 AI다. 이렇듯 사람의 형태를 모방한 휴머노이드 로봇은 물건의 운반과 정리·위험물 처리·구조 활동 등 일반 로봇에 비해 쓰임새와 잠재력이 훨씬 클 것으로 기대되고 있다. 이에 따라 삼성전자를 비롯해 빅테크 기업들은 AI 기술을 물리적으로 구현할 플랫폼인 로봇 시장 진출을 가속화하고 있다.

AI 훈련용 반도체 시장을 사실상 독점한 엔비디아는 2025년 상반기 휴머노이드 로봇을 위한 훈련용 컴퓨터 제품을 출시할 계획이다. 직접 로봇을 만드는 것이 아닌, AI 로봇에 탑재되는 반도체에서 소프트웨어까지 종합 솔루션을 선제적으로 구축하겠다는 것이다.

일론 머스크가 이끄는 테슬라도 휴머노이드 로봇 옵티머스 개발을 상당 부분 완성한 것으로 알려졌다. 2025년 말부터 수천 대 이상의 옵티머스 로봇이 테슬라 공장에서 시범 생산될 예정으로 대당 3만 달러 안팎으로 출시될 것으로 전망된다.

이와 같이 로봇에 AI가 접목되면서 보다 다양한 작업을 상황에 맞게 유연하게 수행할 수 있게 됨에 따라 자율주행 차량, 의료 로봇, 가정용 로봇 등 다양한 분야에서 로봇의 활용이 확대되고 있다. 이처럼 AI가 로봇의 대중화를 이끌고 있다.

트럼프 2.0 시대에는 금융, 제조, 소매, 자율주행, 헬스케어, 로봇, 온디바이스 AI, 보안 등 글로벌 산업 전반에 걸쳐 AI 등의 도입이 본격화되면서 산업 구조의 혁신적인 변화뿐만 아니라 AI 및 로봇 성장세에 불을 당길 것이다.

트럼프 2.0 시대의
AI, 로봇 관련 투자 유망주

삼성전자

고영

HL홀딩스

루닛

더존비즈온

케이아이엔엑스

제이브이엠

삼성에스디에스

팔란티어 테크놀로지(PLTR)

로블록스(RBLX)

메타 플랫폼스(META)

오라클(ORCL)

세일즈포스(CRM)

서비스나우(NOW)

삼성전자(005930)

- 반도체 및 디스플레이, 스마트폰, 가전 등의 사업을 영위
- 로봇, 파운드리 사업, 자사주 등 지배 구조 관련된 경영 명분으로 변화가 시작되면서 도약할 전망이다.

동사를 사업 부문별로 살펴보면, DX(Device eXperience) 부문에서는 TV를 비롯해 모니터, 냉장고, 세탁기, 에어컨, 스마트폰, 네트워크시스템, PC 등을 생산·판매하고 있으며, DS(Device Solutions) 부문에서 DRAM, NAND Flash, 모바일AP 등의 제품을 생산·판매하고 있다. 또한 SDC에서 스마트폰용 OLED 패널 등을 생산·판매하고 있으며, Harman에서는 디지털 콕핏(Digital Cockpit), 카오디오 등 전장제품과 포터블/사운드바 스피커 등 소비자 오디오 제품 등을 생산·판매하고 있다.

지능형 첨단 휴머노이드 개발이 앞으로 더욱 가속화될 전망이다

레인보우로보틱스는 국내 최초로 2족 보행 로봇 휴보를 개발한 카이스트 휴보 랩 연구진이 2011년 설립한 로봇 전문기업으로 사람의 팔처럼 생긴 협동 로봇, 서빙 로봇, 이동형 양팔 로봇 등 로봇 시장에서 기술력을 보유하고 있다.

레인보우로보틱스의 제품 라인업 가운데 이동형 양팔 로봇 RB-Y1에 대한 관심이 높다. RB-Y1은 한 팔당 7축 자유도를 갖는 양팔과 6축 자유도의 외다리, 바퀴형 모바일 플랫폼을 갖춘 휴머노이드 형태의 로봇으로, 다양한 환경에서 복잡한 임무를 자연스럽게 수행할 수 있다. 2025년 2월, 동사는 이러한 국내 대표 로봇 전문기업 레인보우로보틱스의 지분을 기존 14.71%에서 35%로 늘리며 2대 주주에서 최대주주가 된다.

레인보우로보틱스를 자회사로 편입함에 따라 미래로봇 개발을 위한 기반이 구축되었다. 이러한 자회사 편입을 발판으로 동사의 AI와 소프트웨어 기술에 레인보우로보틱스가 보유한 로봇 기술을 접목해 지능형 첨단 휴머노이드 개발 등이 가속화될 것이다.

다른 한편으로 동사는 레인보우로보틱스의 협동로봇, 양팔로봇, 자율이동로봇 등을 제조·물류 업무 자동화에 활용할 예정이다. 이들 로봇은 현장에서 발생하는 상황별 데이터나 환경적 변수 등을 AI 알고리즘으로 학습하고 분석해 작업 능력을 크게 향상시킬 수 있다. 여기에 동사 자체 AI와 소프트웨어 기술을 접목할 계획이다.

2025~2026년 파운드리 사업의 실적은 '2나노 수율확보'에 달렸다

동사는 2022년 세계 최초로 3나노 공정 양산을 시작하며 선두를 내세웠지만, 수율을 확보하는 데 어려움을 겪으면서 TSMC에 주도권을 내주게 되었다. 이에 동사는 2나노 공정에서는 수율 개선에 총

【 삼성전자 주가 추이 】

자료: 한국거래소

력을 기울여 고객 신뢰도를 회복하겠다는 목표다.

　동사는 3나노의 실책을 인정하고, 2나노에서 경쟁력 회복을 위해 기술 개발에 전력을 다하고 있다. 이에 따라 2025년 상반기 2나노 공정 시험생산을 시작으로 하반기 양산체제에 돌입할 계획이다.

　이러한 2나노 공정 첫 고객사로 일본 AI 스타트업 프리퍼드네트 웍스(PFN)의 AI 가속기용 칩을 수주했으며, 2025년 하반기에 양산할 예정이다. 2025~2026년 파운드리 사업의 실적은 이러한 2나노 공정 수율 확보에 달렸다.

　한편 TSMC는 최근 2나노 시험생산에서 60% 수율을 확보했으며, 2025년부터 본격적인 양산체제에 돌입할 예정이다. TSMC는 2나노 공정의 고객사로 애플을 확보했다. 애플은 아이폰17 탑재 예정인 AP에 2나노 공정을 적용할 계획이다. 애플은 앞서 2023년 출시된 아이폰15 프로 시리즈에는 TSMC의 3나노 공정이 적용된 A17 AP 가 탑재된 바 있다.

2025년 지배구조와 관련된 경영 명분을 기반으로
변화가 시작되면서 도약할 전망이다

2024년 11월 15일, 동사는 이사회를 열고 향후 1년간 총 10조 원의 자사주를 분할 매입하는 계획을 의결했다. 2024년 11월 18일부터 2025년 2월 17일까지 3조 원 규모의 자사주를 사들여 전량 소각하기로 했다. 나머지 7조 원어치 자사주에 대해서는 자사주 취득을 위한 개별 이사회 결의시 주주가치 제고 관점에서 활용 방안과 시기 등에 대해 다각적으로 논의해 결정할 예정이다. 이렇듯 총 10조 원의 자사주를 분할 매입하는 것도 지배구조 개선의 의지를 보여준 것이다.

이러한 지배구조 관련된 경영 명분을 기반으로 변화가 시작되면서 동사의 본격적인 도약이 시작될 것으로 예상된다.

고영(098460)

- 검사 및 정밀 측정 자동화 장비 업체
- 트럼프 시대 뇌수술 로봇 및 AI 솔루션 수혜 가속화

고영은 지난 2002년 설립되어 핵심 역량인 메카트로닉스 기술을 바탕으로 전자제품 및 반도체 제조용 3차원 정밀 측정 검사 장비와 함께 반도체 Substrate Bump 3차원 검사장비 사업 등을 전개하고 있다. 고영의 주력 제품은 전자제품 및 반도체 제조공정 중 발생할 수 있는 불량품을 검사하는 장비인 3D SPI(Solder Paste Inspection) 와 3D AOI(Automated Optical Inspection)다. SPI는 회로기판 위에 부품이 올라가기 전 납이 제대로 도포되었는지를 검사하며, AOI는 인쇄회로기판 (PCB) 위에 반도체 소자와 여러 부품이 제대로 장착되었는지 확인하는 장비다.

이러한 기술력을 바탕으로 뇌수술용 의료로봇 등 의료기기 분야에도 진출했으며, 품목 확대를 통해 성장을 도모할 것이다.

세계 최초 침대 부착형 뇌수술 로봇으로 수술 정밀도 높임 ⇒ 미국에서의 매출 성장이 가속화

동사는 산업용 3차원 측정 검사장비의 연구 개발 과정에서 축적

한 광학, 메카트로닉스, 머신비전, 소프트웨어, AI 기술을 활용해 뇌수술용 의료 로봇 카이메로를 개발했으며, 2016년 식약처로부터 제조·판매 승인을 획득했다. 이에 따라 국내에서는 종합병원 등을 대상으로 2020년 1대, 2021년 1대, 2022년 1대, 2023년 2대 등을 판매했으며 2024년의 경우 4대 이상의 판매가 예상된다.

이러한 환경하에서 2024년 5월 10일, 동사는 미국 FDA에 뇌수술용 의료 로봇의 시판 전 허가(510k)를 신청했으며, 2025년 1월 20일, 미국 FDA 인허가를 획득했다고 공시했다.

미국의 경우 뇌 수술이 가능한 신경외과 보유 병원 수가 1,437여 개에 이르기 때문에 뇌수술용 로봇 시장 규모의 성장 등이 어느 지역보다 가속화될 것으로 예상된다. 무엇보다 기존 뇌수술 로봇 시스템과의 차별화 요인은 세계 최초 침대 부착형 뇌수술 로봇으로 설계되었을 뿐만 아니라 광학 센서를 통한 로봇의 실시간 위치 및 자세 추적이 가능해 수술 정밀도가 높아지면서 수술 성공률을 향상시킬 수 있을 것이라는 점이다.

이러한 차별화 요인을 기반으로 2025년 미국에서 10대 이상의 판매가 가능할 것으로 예상되며, 이러한 뇌수술용 의료 로봇의 ASP는 100만 달러로 예상됨에 따라 해를 거듭할수록 매출 성장이 가속화될 것이다.

다른 한편으로는 일본 PMDA 승인이 2025년 상반기에 가시화될 것으로 예상된다. 뇌 수술이 가능한 신경외과 보유 병원 수가 1,750여 개에 이르며, 2025년에는 일본에서 5대 이상 판매가 가능할 것으로 전망됨에 따라 향후 성장이 가속화될 것이다.

한편 동사의 디지털 엑스레이는 2025년 2월, 한국 식약처 승인이 예상됨에 따라 상용화를 앞두고 있다. 이러한 디지털 엑스레이는 탄소나노튜브 소재를 활용함으로써 기존 기술 대비 방사선 노출을 저감할 수 있을 뿐만 아니라 최적화된 사이즈로 사용성이 편리하다.

제조업 등을 미국 내로 재배치하는 공급망 정책 강화 ⇒ AI 스마트팩토리솔루션의 미국 고객사 수요 증가

트럼프 2.0 시대에는 관세를 기반으로 제조업과 핵심 산업을 미국 내로 재배치하는 공급망 정책의 강화 움직임이 나타날 것이다. 이와 같이 기업의 제조 공장을 미국 내로 이전하거나 설립 및 장려함으로써 미국 내 제조업 등을 강화시킬 수 있을 것이다.

동사 스마트팩토리솔루션의 경우 AI를 활용한 검사 결과를 자동 저장/분석할 뿐만 아니라 최적화 기능을 통해 공정 관리를 자동화시킨다. 이러한 AI 기능이 탑재된 스마트팩토리솔루션을 다수 글로

【 고영 주가 추이 】

자료: 한국거래소

벌 고객사에서 테스트 중에 있다. 특히 제조업 등을 미국 내로 재배치하는 공급망 정책 강화 환경하에서 미국 고객사들을 중심으로 필드테스트 등을 완료함에 따라 향후 수요가 증가하면서 성장성 등이 가속화될 것이다.

HL홀딩스(060980)

- HL그룹의 사업지주회사
- 글로벌 자율주행 로봇주차 대중화 시대를 이끈다.

동사는 HL그룹의 최상위 지배회사로, 2014년 구(舊) 만도에서 자동차부품 사업을 신설 법인으로 인적분할하고 투자사업만을 영위하다가 2015년 자동차부품 유통업 등을 영위하는 한라마이스터를 흡수합병하면서 사업지주회사로 전환했다.

이에 따라 자체 사업으로 자동차부품 유통 및 물류사업과 함께 지주사업을 영위하고 있다. 또한 주력 자회사로 HL만도(자동차부품 제조업 영위)와 HL D&I한라(건설업 영위) 등이 있다.

자율주행 로봇주차, 대중화 및 물류산업 등에 빠르게 적용되면서 시장 규모 확대 가속화

로봇주차는 운전자의 개입 없이 자동으로 차량을 주차 및 출차시키는 무인 자동화 시스템으로, 작동 방식에 따라 자율주행 로봇주차와 AGV 로봇주차(무인운반차 로봇주차) 등으로 구분된다. 자율주행 로봇주차의 경우 카메라, 라이다, 센서를 이용해 주변 환경을 인식해 스스로 경로를 판단하는 반면, AGV 로봇주차는 미리 설정된 경로

【 HL홀딩스 주가 추이 】

트럼프 1.0 바이든 대통령 임기 트럼프 2.0

자료: 한국거래소

를 따라 이동한다.

그랜드뷰리서치(Grand View Research)에 따르면 글로벌 로봇주차 시스템의 시장 규모는 2023년 21억 달러로 아직 시장 형성 초기 단계이지만, 연평균 17.7%로 성장해 2030년에는 67억 달러에 이를 것으로 전망하고 있다.

이는 글로벌 주요 대도시의 경우 인구 증가 및 밀집 문제가 겹치면서 공간 부족 등을 해결하기 위해 로봇주차 시스템 수요가 크게 증가할 것으로 예상될 뿐만 아니라 다양한 산업 현장의 물류 이동에도 적용될 것으로 전망되기 때문이다.

무엇보다 사용자 입장에서도 주차에 들어가는 시간과 수고로움을 덜어줄 수 있다는 측면에서 자율주행 로봇주차 대중화가 빠르게 전개될 수 있을 것이다.

스탠리로보틱스 인수 등으로
자율주행 로봇주차 대중화 시대를 이끌 전망이다

2024년 10월, 동사 100% 자회사인 HL로보틱스가 글로벌 최초 실외 자율주행 로봇주차 상용 기업인 스탠리로보틱스(Stanley Robotics) 지분 74.1%를 약 322억 원에 인수하는 계약을 체결했다.

지난 2015년 프랑스에서 설립된 스탠리로보틱스는 실외 로봇주차 및 디지털 기반 로봇 관제 솔루션 전문 기업이다. 글로벌 최초로 시공간 제약 없이 주차장을 이동할 수 있는 실외 자율주행 주차 로봇인 스탠(Stan)을 개발해 2018년 프랑스 리옹(Lyon) 국제공항에서 상용화에 성공했다. 또한 주차장 전체 로봇들의 관제를 한 곳에서 담당하는 관제시스템(FMS)으로 스탠을 모니터링할 뿐만 아니라 원격 제어까지 가능하며, 자동 충전 기능 등으로 자율주행 주차 시스템의 상용화를 위한 완성도를 높였다.

또한 스탠리로보틱스는 2024년 9월, 북미 3대 철도 물류 기업이면서 캐나다, 미국 등에 18개 자동차 물류센터를 운영중인 캐나다 내셔널 철도(Canadian National Railway)와 로봇주차 구독 서비스 계약을 체결했다. 이는 북미 지역에서 유지보수를 포함한 풀 패키지 사업 모델이 적용된 첫 상용화 모델이다.

이렇듯 스탠리로보틱스는 북미의 철도 물류기업뿐만 아니라 북미 및 유럽 지역의 공항 등 차량이 밀집되는 곳을 기반으로 향후 성장이 가속화될 것으로 예상된다.

실내용 자율주행 로봇주차 파키(Parkie), 2025년 상용화 원년으로 성장성 가시화

동사 자회사인 HL만도는 2023년 말, 실내용 자율주행 로봇주차 파키(Parkie)를 처음 공개했는데, 이러한 파키를 개발한 조직을 2025년 1월 2일에 HL로보틱스가 영업양수했다. 이에 따라 HL로보틱스는 실내외용 자율주행 로봇주차 전체 제품군을 확보하게 되었을 뿐만 아니라 선진 로봇제어와 관제기술을 자율주행 기술에 접목시킬 수 있게 되었다.

파키의 경우 카카오모빌리티 및 인천국제공항공사 등과 기술 고도화 작업을 진행중이다. 특히 인천공항 제2여객터미널 행사용 주차장에 로봇주차 테스트 베드를 구축해 검증을 진행중으로, 이러한 검증 결과를 토대로 인천국제공항공사는 적용 계획을 추후 수립할 예정이다.

다른 한편으로는 로봇주차에 대한 국내 지자체 수요가 확대될 것으로 예상되는 가운데 2025년 국내 지자체 1곳에 파키의 공급이 가시화될 것으로 예상된다. 이에 따라 2025년은 파키 상용화의 원년으로 향후 매출처가 확대되면서 성장성 등이 가시화될 것이다.

루닛(328130)

- 국내 최초의 딥러닝 의료 AI 전문 기업
- 글로벌 빅파마와 협업을 통한 상업화 기반 마련 및 미국 시장 진출로 성장성
  이 가속화될 전망이다.

동사는 2013년 설립된 국내 최초의 딥러닝 의료 AI 전문기업이다. 딥러닝 기반 AI를 통한 암 진단 및 치료 솔루션 등을 개발해 상용화중에 있다.

동사의 주요 제품 및 서비스로는 암 치료 관련 이미징 바이오마커 솔루션인 루닛 스코프와 암 진단 관련 영상 판독 보조 솔루션인 루닛 인사이트 등이 있다.

아스트라제네카와의 협업 등을 통해 AI 바이오마커로서 루닛 스코프의 성장성이 가시화되다

항암 치료의 패러다임이 재편되면서 3세대 항암제로 각광받고 있는 면역항암제 시장이 빠르게 성장중에 있다. 면역항암제는 인체 고유의 면역체계를 이용해 암 세포만을 선택적으로 공격하기 때문에 치료 효과가 매우 월등하고 부작용이 적다.

바이오마커란 질병에 대한 반응성을 객관적으로 측정하는 지표다. 특히 동반진단용 바이오마커를 사용하는 주요 목적은 면역항암

제의 처방 대상을 발굴하는 것이다. 무엇보다 신약 개발에 이러한 바이오마커를 사용하면 허가 성공률은 3배, 임상 비용은 25% 정도로 줄일 수 있기 때문에 사용 빈도가 10년 전 10%에서 현재 60% 이상으로 늘어났다.

이러한 환경하에서 동사의 루닛 스코프는 암세포 주변 면역세포의 패턴을 AI로 분석해 해당 면역항암제와의 반응성 예측을 통해 치료 가능성을 높일 수 있는 것이 특징이다.

2024년 11월, 동사는 아스트라제네카와 비소세포폐암 대상 AI 기반 디지털 병리 솔루션 개발을 위한 전략적 협업 계약을 체결했다. 아스트라제네카는 2023년 기준으로 60조 원 이상의 매출을 벌어들인 글로벌 빅파마다. 항암제 분야에서는 타그리소, 린파자, 임핀지 등이 주력 파이프라인이다. 이 중 타그리소는 3세대 폐암 치료제로 EGFR(Epidermal growth factor receptor)을 활성화시키는 TKI(tyrosine kinase inhibitor)를 선택적으로 억제해 암세포의 성장과 생존을 차단하는 약물이다.

고비용의 항암제 처방에 있어 약물의 효능만큼 중요한 것이 개별 환자에 대한 최적화된 치료법 탐색이다. 타그리소의 처방 성공률을 높이고 시간, 비용을 효율화하기 위해서는 EGFR 변이 여부를 확인하기 위한 바이오마커 분석이 무엇보다 중요하다.

이에 따라 아스트라제네카와의 계약 핵심은 동사의 AI 바이오마커인 루닛 스코프를 활용하면 조직염색 방식인 H&E 슬라이드 이미지만으로도 비소세포폐암에서 흔히 발생하는 EGFR 변이 가능성을 예측할 수 있게 하는 것이다.

무엇보다 아스트라제네카와의 계약으로 상업화 길이 열렸기 때문에 루닛 스코프를 활용한 추가 매출 기반을 다지는 데 시발점이 될 것으로 예상된다. 이에 동사는 아스트라제네카와 다른 암종의 바이오마커로도 확장 논의를 지속하고 있다.

다른 한편으로는 2024년 11월, 미국 휴스턴에서 열린 SITC(면역항암학회)에 참석해 MD앤더슨 암센터와 공동연구 결과를 발표하며 활용 가능성에 대해 데이터로 입증했다. 즉 MD앤더슨 암센터는 종양침윤림프구밀도(iTIL), 종양분율(TC) 등 종양 함량 변화를 측정해 머크의 면역항암제 키트루다를 활용한 치료 반응을 예측할 수 있었다.

이렇듯 글로벌 제약사들의 면역항암제 분야 임상 적용 및 허가 의약품으로 향후 루닛 스코프를 활용할 수 있는 가능성이 높아지면서 성장성이 가시화될 것이다.

루닛 인사이트, 글로벌 의료기기의 협업을 통해 지속적인 매출 성장이 기대되다

폐 질환과 유방암 진단을 위한 AI 영상분석 솔루션 루닛 인사이트의 사업 모델은 인공지능 솔루션을 의료영상저장전송시스템(PACS)에 연동하는 방식(Platform 모델)과 의료영상 촬영장비와 연동 또는 탑재하는 방식(Modality 모델)으로 구성되어 있다.

2018년 국내에서 최초로 인허가를 획득한 이후 현재까지 49여 개국에서 인허가를 획득했다. 현재 후지필름, GE 헬스케어, 필립스,

【 루닛 주가 추이 】

자료: 한국거래소

홀로직 등 글로벌 의료장비 기업 및 아그파, 섹트라, 이머전트 커넥트 등 글로벌 의료시스템 기업과 해외 유통 및 판매 계약을 체결함에 따라 향후 지속적인 매출 성장이 기대된다.

또한 폐암과 유방암 외에도 초음파를 통한 전립선암, MRI를 통한 뇌암, CT를 통한 대장암 진단 사업 영역으로 확장하기 위한 다양한 연구개발 및 임상을 진행중에 있다.

볼파라의 유통망을 통해서
미국에서의 제품 공급이 가시화되며 성장성이 가속화되다

동사는 2024년 5월, 뉴질랜드 소재 볼파라 인수를 완료함에 따라 미국 시장 진출의 기반을 마련했다. 볼파라는 현재 미국 전체 유방 촬영술 검진기관의 3분의 1에 해당하는 2천 곳 이상 의료기관에 유방암 조기 진단과 관리를 위한 소프트웨어 솔루션 및 플랫폼을 공급하고 있다.

동사는 2024년 8월, 미국 전역에서 40개 이상의 이미징센터를 운영하는 대규모 영상진단 플랫폼 기업 레졸루트에 유방암 검진을 위한 AI 솔루션 세컨드리드AI를 공급하는 계약을 체결했다. 동사의 제품 공급 방식은 볼파라의 미국 유통망을 활용하는 것이다.

무엇보다 이러한 볼파라의 유통망을 활용해 미국 의료기관들과 제품 공급 논의를 확대하고 있다. 이에 따라 향후 미국에서 동사의 제품 공급이 가시화되면서 성장성 등이 가속화될 것이다.

더존비즈온(012510)

- 기업용 솔루션 전문 기업
- One AI 효과 본격화

동사는 회계 프로그램뿐만 아니라 ERP(전사적 자원관리), IFRS솔루션, 그룹웨어, 정보보호, 전자세금계산서 등 기업 정보화 소프트웨어 분야에서 필요한 각종 솔루션과 서비스를 제공하고 있다. 주요 사업은 크게 기업정보화솔루션, 클라우드 서비스, 그룹웨어, 정보보안, 전자금융서비스 부문으로 나눌 수 있다.

One AI 고객수 확대가
클라우드 전환 증가로 이어지다

동사는 2011년부터 클라우드 전환을 추진하면서 주력 솔루션의 서비스형 소프트웨어(SaaS)화를 이미 마친 상황이다. 중소기업용 위하고(WEHAGO), 중견기업용 아마란스10(Amaranth10), 대기업용 옴니이솔(OmniEsol), ERP10 등 세분화된 솔루션을 보유하고 있으며, 국내 고객사의 클라우드 전환률은 약 20% 수준으로 파악된다.

특히 아마란스10(Amaranth10)의 신규 고객 유입과 클라우드 비중이 지속적으로 증가하며 실적 향상에 큰 기여를 하고 있다.

무엇보다 동사는 2024년 6월, 기업 핵심 업무 솔루션에 내재화한 생산성 혁신 AI 도구 One AI를 출시했다. 이러한 One AI는 기업용 솔루션인 옴니이솔(OmniEsol), 아마란스10(Amaranth10), 위하고(WEHAGO) 등에 통합되어 기업의 AI 활용 및 접근성을 높였다. 또한 ERP, 그룹웨어, EDM(전자문서관리) 등 주요 솔루션에 AI를 통합해 업무 프로세스를 자동화하고 효율성과 편의성을 극대화한다. One AI는 6월 출시 이후 6개월 만에 기업 고객 2천 곳을 달성하면서 성공적으로 안착하고 있다.

이와 같은 AI 도입 확대는 클라우드 ERP 전환을 가속화시킬 것으로 전망된다. 그동안 ERP는 한 번 도입하면 최대한 오래 사용하는 것이 관례였지만, 업무 생산성을 향상시킬 수 있는 AI의 등장은 ERP 교체 수요를 촉발시킬 동인이 될 것으로 기대된다.

중소기업 신용평가와 더불어 매출채권 팩토링사업 등 신규사업이 가시화될 전망이다

동사와 신한은행, SGI서울보증보험이 합작한 법인 테크핀레이팅스는 2024년 5월, 금융위원회로부터 기업신용등급제공업 본허가를 획득했다.

국내 첫 기업신용평가 플랫폼 테크핀레이팅스는 중소기업 신용평가와 더불어 매출채권 팩토링사업을 추진중이다. 매출채권 팩토링은 기업 신용도를 기반으로 매출채권을 빠르게 현금화하는 서비스로, 이를 통해 중소기업들의 자금운용이 더 원활해질 수 있을 것으

【 더존비즈온 주가 추이 】

(원)

트럼프 1.0 | 바이든 대통령 임기 | 트럼프 2.0

140,000
120,000
100,000
80,000
60,000
40,000
20,000
0

19.1 19.7 20.1 20.7 21.1 21.7 22.1 22.7 23.1 23.7 24.1 24.7 25.1 25.7

자료: 한국거래소

로 전망된다.

또한 동사는 ERP 시스템을 운영하며 구축한 빅데이터도 적극 활용한다는 방침이다. 다양한 기업의 인사·회계·무역 관련 데이터를 통해 기존 금융권과 차별화된 신용평가 모델을 구축하겠다는 목표다. 이 경우 포용금융 측면에서 금융조달 문턱이 높은 소상공인과 중소기업에 대한 대출도 용이해질 것으로 보인다.

다른 한편으로는 동사가 주축이 된 더존뱅크 컨소시엄이 제4인 터넷전문은행 예비인가를 받기 위해 준비중에 있다. 2025년 3월 25~26일, 예비인가 신청서 접수가 이루어지면 민간 외부평가위원회 등 금감원 심사 등을 거쳐 2025년 상반기 중 예비인가 결과를 발표한다는 계획이다.

더존뱅크는 중소기업·소상공인 특화 인터넷전문은행을 목표로 하고 있다. 2023년 7월부터 신한은행과 컨소시엄을 구성해 준비해 왔다.

케이아이엔엑스(093320)

- 토탈 인터넷 인프라 전문기업
- 데이터센터 고객 유입 속도 빨라지면서 성장성 가속화

동사는 지난 2000년에 설립된 인터넷 인프라 전문기업으로 중립적 인터넷회선연동(IX, Internet eXchange) 서비스를 시작으로 IDC(Internet Data Center), CDN(Contents Delivery network), 클라우드 솔루션 등 토탈 인터넷 인프라 서비스를 제공하고 있다.

생성형AI 서비스 등 AI 응용 프로그램 확산 등으로 데이터센터 수요가 지속적으로 증가할 전망이다

국내 데이터센터의 경우 개별 전산실에서 유지되었던 모든 조직의 정보 시스템이 클라우드 컴퓨팅 기반으로 패러다임 시프트가 일어나고 있는 중이다.

이러한 환경하에서 생성형AI 서비스 등 AI 응용 프로그램과 클라우드 서비스의 폭발적 증가, AI 모델의 훈련과 실행, 빅데이터 분석 등으로 데이터센터 수요가 지속적으로 증가하고 있다.

이렇듯 국내 데이터센터 수요가 클라우드, AI, 데이터 분석 등 신기술 기반의 인프라로서 커질 것으로 예상됨에 따라 데이터센터의

신규 구축 등이 활발하게 진행되면서 데이터센터 시장 성장성 등이 가속화될 것이다.

과천 데이터센터 고객 유입 속도가 빨라지면서 성장성이 더욱 가속화될 전망이다

동사는 설립 초기부터 IX서비스를 위해 도곡동에 자체 IDC도곡 센터를 설립했다. 이곳을 중심으로 가산, 상암, 분당 지역에 동사의 다양한 인프라 제공이 가능한 IDC 사업자들로부터 IDC를 임차해 IX, 코로케이션, 클라우드, CDN 등을 안정적으로 서비스하고 있다. 이러한 환경하에서 전체 투자비 약 1,700억 원을 투입한 과천 데이터센터가 2024년 8월에 준공됨에 따라 10월 말, 1개층 오픈을 시작으로 2024년, 총 4개층 오픈이 순차적으로 완료되었다.

과천 데이터센터의 경우 동사가 현재 자체 및 임대로 운영중인 데이터센터 랙(rack) 기준의 1.4배 수준인 2,000~2,500개 랙(rack)을 운영할 수 있는 수준이며, 수전 용량의 경우 20MW로 별도 예비수전 용량 20MW까지 합치게 되면 총 40MW가 된다. 과천 데이터센터 고객 제공 전력량은 10MW으로 현재 자체 및 임대로 운영중인 데이터센터 전력량의 2.5배 수준이다.

이러한 데이터센터 서비스 요금의 경우 고객의 전산장비 수량과 필요 전력량에 따라 공간 사용료를 부과하는 한편, 고객의 전산장비와 국내 인터넷 사용자를 기본으로 고객이 원하는 국내외 추가연결에 따른 인터넷 회선 트래픽의 양에 따라 회선 사용료를 부과한다.

【 케이아이엔엑스 주가 추이 】

자료: 한국거래소

이에 따라 과천 데이터센터의 경우 고객 입주율뿐만 아니라 인터넷 회선 트래픽량을 많이 발생시킬 수 있는 고객유치가 무엇보다 중요하다.

현재 과천 데이터센터 입주 등을 고객과 협상하는 중이다. 고객과의 입주 계약이 순조롭게 이루어지고 있어서 2025년 말 기준으로 과천 데이터센터의 고객 입주율은 80% 수준까지 증가될 것으로 예상된다.

향후 과천 데이터센터 고객 유입 속도가 빨라지면서 성장성 등이 가속화될 것이다. 이와 같은 고객 입주율 상승이 2025년 하반기부터 매출에 본격적으로 반영될 뿐만 아니라 클라우드, AI 서비스 확대 등으로 인해 고객사의 인터넷 회선 트래픽량이 증가하면서 실적 개선이 본격화될 것이다.

국내 클라우드 전환율 상승 등으로
클라우드허브 매출이 지속적으로 증가할 전망이다

동사는 중립적 데이터센터이기 때문에 타데이터센터 대비 다양한 네트워크 옵션 제공이 가능하다. 그중에서도 클라우드허브는 클라우드 서비스와 직접 연동된 네트워크를 통해 하이브리드/멀티 클라우드를 구성하는 클라우드 연결 플랫폼이다. 동사 클라우드허브의 경우 국내에서 최다 CSP와 클라우드의 직접 연결성을 제공하고 있다.

이러한 환경하에서 국내 클라우드 전환율 상승 등으로 클라우드허브의 회선 연결수가 증가세를 보이고 있기 때문에 향후 동사의 클라우드허브 매출 등이 지속적으로 증가할 것이다.

제이브이엠(054950)

- 의료시설 약품 조제 및 관리 시스템 전문업체
- 로봇팔 조제 자동 제조기인 메니스 매출 성장 원동력

　동사는 약국 자동화 시스템 및 병원관리 시스템 등을 주력으로 제조해 판매하고 있다. 약국 자동화 시스템의 경우 약국에서 조제되어야 하는 약들을 의사 또는 약사가 환자의 처방전 정보를 컴퓨터에 입력하기만 하면 장비가 네트워크로 연결되어 약을 관리, 분류, 분배, 포장하며, 약봉지마다 투약정보인쇄, 유통기간관리, 누계, 합산, 재고수량관리를 가능하게 한다.

　또한 병원관리 시스템인 인티팜(ADC)의 경우 권한자에 의해 통제, 관리되어야 하는 전문 의약품들을 보다 정확하고 안전하고 빠르게 분류, 분배, 보관, 관리를 가능하게 한다.

메니스 판매 증가, 프랑스 지역 유통채널 정상화, 국내 부문의 완만한 회복 등으로 사상 최대 실적이 기대된다

　2025년 동사는 IFRS 연결 기준 매출액 1,701억 원(YoY +8.1%), 영업이익 336억 원(YoY +12.8%)으로 사상 최대 실적이 예상된다. 이는 메니스(MENITH) 판매 증가와 더불어 프랑스 지역 유통채널 정상화

【 제이브이엠 주가 추이 】

(원)

| 트럼프 1.0 | 바이든 대통령 임기 | 트럼프 2.0 |

40,000
35,000
30,000
25,000
20,000
15,000
10,000
5,000
0

19.1 19.7 20.1 20.7 21.1 21.7 22.1 22.7 23.1 23.7 24.1 24.7 25.1 25.7

자료: 한국거래소

및 국내 부문의 완만한 회복 등이 예상되기 때문이다.

먼저 2023년 3분기에 출시한 로봇팔 적용 자동 제조기 메니스(MENITH)의 경우 다관절 협동 로봇팔이 캐니스터(의약품을 담는 통)를 자동으로 교환해가며 작업이 가능하다. 이에 기존 제품 대비 2배 이상 빠른 분당 최대 120포를 조제할 수 있을 뿐만 아니라 자동 검수 기능도 탑재되어 약국 조제 시간과 인력을 최소화할 수 있다. 이에 따라 생산성이 3배 이상 향상되었다. 이러한 메니스의 경우 2023년에 2대를 판매했으며, 2024년에는 8대 이상이 판매될 예정이다.

2025년에는 대형 조제공장형 약국 등에서 요양병원향 파우치형 조제 수요가 확대됨에 따라 유럽, 캐나다, 호주 등의 파트너사로부터 메니스 수요가 더욱더 증가하면서 2025년 매출 상승을 이끌 것으로 기대된다. 이와 같은 메니스의 경우 ASP가 기존 제품보다 높기 때문에 수익성 개선에 기여할 것이다.

또한 2024년 초 프랑스 지역 유통채널을 유럽 법인이 직접 판매하는 구조에서 파트너사가 판매하는 구조로 바뀌면서 재고 조정 등 매출공백이 발생했는데, 이는 2025년부터 정상화될 것으로 예상된다.

한편 국내 부문의 경우 의료대란 등으로 그동안 상급병원향 매출이 원활하지 않았는데, 2차 병원, 요양병원 등으로 병원향 매출처가 다변화되면서 2025년에는 완만한 회복이 예상된다.

삼성에스디에스(018260)

- 삼성그룹 계열의 IT 시스템 통합 서비스 및 물류 업체
- 클라우드 성장성 vs Captive 고객사의 투자 방향성

동사는 IT서비스와 물류 등 2개 사업 부문을 영위하고 있다. 먼저 IT서비스 사업 부문은 IT기술 역량을 활용해 고객의 요구에 맞는 다양한 IT서비스를 제공하고 있다. 동사가 제공하는 IT서비스는 크게 클라우드 서비스, SI, ITO 등 3개 분야다.

또한 물류 부문의 경우 자체 개발한 최신 IT기술 기반의 물류 통합관리 플랫폼 Cello와 디지털 물류 플랫폼 Cello Square를 통해 국제운송, 내륙운송, 물류센터 운영, 프로젝트 물류까지 글로벌 물류의 전 영역에 걸친 종합 물류 서비스를 제공하고 있다.

클라우드 사업은 고성장을 유지할 것으로 예상되나 SI 및 ITO 사업의 성장세는 다소 둔화될 전망이다

2025년 동사 K-IFRS 연결 기준 실적의 경우 매출액 146,636억 원(+6.1% YoY), 영업이익 10,413억 원(+10.0% YoY)으로 예상된다.

동사의 클라우드 사업은 CSP(Cloud Service Provider), MSP(Managed Service Provider), SaaS(Software as a Service) 등으로 구성된다. 즉

CSP를 통해 클라우드 환경을 원하는 기업들에 데이터센터 인프라를 제공할 뿐만 아니라 MSP로는 컨설팅 및 전환/구축 서비스를 제공한다. 또한 클라우드 환경에서 필요로 하는 소프트웨어를 다양한 기업용 SaaS로 공급하고 있다.

이러한 클라우드 사업 매출액의 경우 2025년에도 전년 대비 20% 이상의 고성장이 예상된다. 먼저 MSP에서는 금융, 제조 업종에서의 클라우드 전환 및 구축 매출의 증가가 예상될 뿐만 아니라 기업고객을 위한 생성형 AI 플랫폼인 패브릭스(FabriX) 구축도 증가할 것으로 전망된다. CSP에서는 서비스 사용량 증가로 HPC(High Performance Computing) 매출 확대가 예상되며, 생성형 AI를 위한 GPUaaS도 증가할 것으로 전망된다.

이러한 클라우드 사업의 경우도 Captive 고객사의 비중이 높기 때문에 향후 성장세를 지속적으로 이어가기 위해서는 대외 고객사의 비중을 보다 더 늘려야 한다.

다른 한편으로는 2025년의 경우도 경기둔화로 인한 Captive 고객

【 삼성에스디에스 주가 추이 】

자료: 한국거래소

사의 효율적인 투자 방향성으로 인해 고객이 요구하는 시스템을 구축해주는 SI 사업 매출이 다소 둔화될 것으로 예상된다. 이에 따라 Captive 고객사의 ITO 사업 매출 둔화도 불가피할 것으로 전망된다.

팔란티어 테크놀로지(PLTR-US)

- 데이터 분석 소프트웨어를 개발 및 제공
- 트럼프 2.0 시대의 AI 관련 최대 수혜 기업

동사는 2003년 피터 틸(Peter Thiel)과 알렉스 카프(Alex Karp) 등 이 공동 설립한 데이터 분석 소프트웨어를 개발 및 제공하는 업체다. 이러한 소프트웨어는 정부 기관, 금융 서비스, 보건 의료 등 다양한 분야에서 사용되며, 대규모 데이터의 통합 및 분석에 강점을 보이고 있다.

동사의 비즈니스 모델은 소프트웨어 라이선스 및 서비스 구독을 통한 수익 창출에 중점을 두고 있다. 즉 정부 및 민간 기업 고객에게 맞춤형 데이터 분석 솔루션을 제공하며, 이를 통해 장기적인 계약과 안정적인 수익을 확보한다.

트럼프 2.0 시대를 맞아
AI 관련 최대 수혜가 예상되다

동사의 주요 제품은 복잡한 데이터를 분석하고, 정보를 시각화해 의사결정을 지원하는 플랫폼인 팔란티어 고담(Palantir Gotham), 팔란티어 파운드리(Palantir Foundry), AIP 등이 있다.

팔란티어 고담(Palantir Gotham)의 경우 정부 기관을 위한 데이터 통합 및 분석 플랫폼으로, 국가 안보와 방위 산업에서 활용된다. 팔란티어 파운드리(Palantir Foundry)의 경우 기업을 위한 데이터 분석 플랫폼으로, 헬스케어, 금융, 제조업 등에서 활용된다.

특히 AIP(Artificial Intelligence Platform)의 경우 2023년 4월에 출시된 생성형 AI 플랫폼으로 고객들에게 대규모 데이터 관리와 통합, 실시간 분석을 가능하게 한다. 방산 부문과 더불어 헬스케어와 금융 등 광범위한 데이터를 다루는 업계에서 AIP를 이용하는 고객이 늘어나고 있다. 이에 따라 동사는 미국 국방부와 파트너십을 지속하며 프로젝트에 참여하는 한편 1,000개 이상의 국내외 기업들과 계약을 체결했다.

이러한 환경하에서 트럼프 2.0 시대에 새로 신설되는 정부효율성부(DOGE) 수장으로 일론 머스크가 내정되었다. 이러한 정부효율성부는 불필요한 지출을 줄이고 연방기관을 구조조정하며 관료주의를 해체하는 역할을 수행할 예정이다.

국방부와 교육부, 의료 부문 등에서 정부 예산과 인원 감축에 나설 가능성이 높아짐에 따라 시스템 자동화 부문에서 AI 소프트웨어가 부각될 수밖에 없다. 무엇보다 미국 공공기관에 소프트웨어를 공급하려면 반드시 국가 규정에 부합한다는 인증(certification)을 받아야 한다. 공공기관 중에서도 특히 국방부와의 관계가 깊은 동사는 소프트웨어 기업 중 가장 많은 인증을 받았기 때문에 트럼프 2.0 시대 AI 관련 최대 수혜가 기대된다.

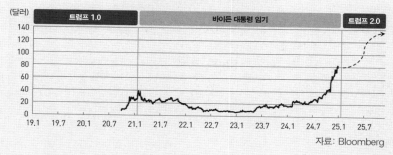

【 팔란티어 테크놀로지 주가 추이 】

(달러)

| 트럼프 1.0 | 바이든 대통령 임기 | 트럼프 2.0 |

자료: Bloomberg

다른 한편으로는 미중 경쟁이 심화되고 대만을 둘러싼 긴장이 고조되는 가운데, 구식 방위 계약업체가 만든 수십억 달러 규모의 무기에서 첨단 기술 무기로 전환하기 위해 새로운 방위 기술 파트너십이 맺어지고 있다. 2024년 11월, 동사와 아마존의 AWS는 미국 정보 및 국방 기관에 앤트로픽(Anthropic)의 AI 모델에 대한 액세스를 제공하기로 합의했다.

무엇보다 2024년 12월, 동사는 AI 기반 자율 드론 및 기타 군사 기술을 개발하는 Shield AI와의 협력을 발표했다. 이는 AI 기반 인텔리전스 및 작전 제어 기능을 갖춘 자율 비행 개발을 위한 것으로, GPS나 통신이 없는 상황에서도 작동할 수 있는 확장 가능한 AI 솔루션을 제공하기 위한 것이다. 미국이 중국과 다른 적들에 대한 우위를 유지하기 위해서 이러한 움직임들이 지속될 것으로 예상됨에 따라 AI 활용의 중요성이 점점 더 커지면서 동사에 수혜가 예상된다.

로블록스(RBLX-US)

- 게임 콘텐츠 유통 및 소셜 플랫폼
- 실적 개선하에서 메타버스 플랫폼으로서의 입지가 견고해질 전망이다.

동사는 지난 2004년 설립된 게임 유통 플랫폼이다. 플랫폼을 구성한 모든 게임의 경우 동사가 제공한 개발 툴로 사용자가 직접 제작할 수 있다. 즉 사용자가 콘텐츠 등을 제작하고 소비하는 사업 모델을 가지고 있다. 또한 만들어진 게임 공간에서 게임뿐만 아니라 대화를 하거나 이벤트를 열어 이용자 간 친목을 다질 수 있기 때문에 SNS 공간으로서의 플랫폼 역할도 하고 있다.

2024년 3분기 Bookings 성장 가속화로 4분기 및 2024년 Bookings 가이던스도 좋다

플랫폼 내 디지털 화폐 로벅스의 판매액을 의미하는 Bookings의 경우 2024년 3분기에 기존 미국, 캐나다 등 북미 지역(+33% YoY)뿐만 아니라 유럽(+36% YoY) 및 아시아태평양(+36% YoY) 지역에서의 성장으로 전년 동기 대비 34% 증가한 11.3억 달러를 기록하면서 컨센서스를 대폭 상회했다. 이와 같은 Bookings의 증가는 약간의 시차는 존재하지만 향후 매출 증대로 이어질 수 있을 것이다.

또한 2024년 3분기 DAU(일일활성사용자수)의 경우 전년 동기 대비 27% 증가한 8,890만 명을 기록했다. 이는 미국, 캐나다 등 북미 지역(+26% YoY)뿐만 아니라 아시아태평양(+37% YoY) 지역에서 성장이 가속화되었기 때문이다.

이와 더불어 2024년 3분기 사용자 이용 시간의 경우 전년 동기 대비 29% 증가한 207억 시간으로 역대 최고치를 기록했다. 무엇보다 2024년 4분기 Bookings 가이던스의 경우 13.4~13.6억 달러 (+19%~+21% YoY)로 제시하면서 컨센서스를 상회했다. 또한 2024년 Bookings 가이던스도 43.4~43.7억 달러(+23%~+24% YoY)로 제시하면서 기존 연간 전망치를 상향 조정했다.

이에 따라 2025년 매출 성장 기대감이 높아지면서 밸류에이션 매력이 부각될 수 있을 것이다.

생성형 AI 도구를 통한 플랫폼 성장성 가속화 ⇒ 메타버스 플랫폼으로서의 입지도 견고히!

2025년 하반기에 출시된 어시스턴트(Assistant), 텍스처 생성기 (Texture Generator), 아바타 자동 설정(Avatar Auto Setup) 등과 같은 생성형 AI 도구들은 게임 개발의 진입장벽을 낮추는 것이다.

결국에는 이러한 생성형 AI 도구들로 인해 게임을 자발적으로 제작할 수 있는 일반인 개발자가 보다 더 많은 게임 콘텐츠 생산이 가능해짐에 따라 더 많은 사용자가 플랫폼에 몰리면서 플랫폼 성장성 등이 가속화될 수 있는 기반을 마련할 수 있을 것이다.

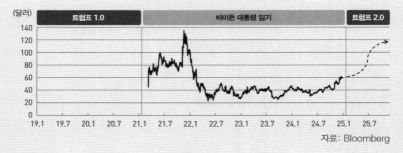

【 로블록스 주가 추이 】

(달러)

| 트럼프 1.0 | 바이든 대통령 임기 | 트럼프 2.0 |

자료: Bloomberg

　이러한 환경하에서 동사는 2023년 말부터 몰입형 동영상 광고를 테스트해왔으며, 2024년 2분기 DAU(일일활성 사용자수) 7,950만 명 중 약 58%(4,600만 명 이상)를 차지하는 13세 이상의 사용자에게 광고를 노출할 계획이다. 이러한 동사 몰입형 동영상 광고의 경우 알파 테스트를 거쳐 2024년 말부터 광고주들에게 제공될 예정이다.

　이에 따라 2025년부터 광고 매출이 본격화되면서 실적 개선이 가속화될 뿐만 아니라 메타버스 플랫폼으로서의 입지가 더욱더 견고해질 것이다.

메타 플랫폼스(META-US)

- 소셜 네트워크 서비스 기업
- 2025년 개인화된 AI Agent의 본격적인 상용화 등을 통해 생성 AI 효과가 본격화되면서 AI 관련 성장성 가속화될 전망이다.

동사는 2004년 CEO 마크 저커버그와 동업자들에 의해 설립된 소셜 네트워크 서비스 기업이다. 소셜미디어 페이스북, 인스타그램, 메신저 왓츠앱 등의 서비스를 제공하고 있으며, VR 기기 개발사 오큘러스 등을 보유하고 있다.

2025년 개인화된 AI Agent의 본격적인 상용화 등을 통해 생성 AI 효과가 본격화되면서 성장성이 가속화되다

AI Agent는 특정 작업이나 목표를 수행하기 위해 자율적으로 작동하는 인공지능 시스템을 의미한다. AI Agent는 주어진 환경에서 데이터를 기반으로 결정을 내리고, 그 결정을 실행하며 그 과정에서 환경의 변화에 따라 스스로 학습하고 적응할 수 있다. 또한 반복적인 업무를 이러한 AI Agent로 대체해 불필요한 자원 낭비를 막을 수 있으며, 임직원의 생산성과 효율성을 끌어올리는 용도로 활용할 수 있다.

이러한 환경하에서 동사는 2024년 7월, 맞춤형 AI 캐릭터 생성

【 메타 플랫폼스 주가 추이 】

플랫폼 AI 스튜디오를 공개했다. 이러한 AI 스튜디오를 통해 기업이나 인플루언서는 자체적인 AI Agent를 쉽게 만들 수 있다.

이에 따라 2025년 중으로 개인화된 AI Agent의 본격적인 상용화가 이루어질 것이다. 동사의 경우 7억 명의 월간활성 사용자 수를 보유하고 있기 때문에 선점효과가 나타날 수 있을 것이다. 무엇보다 AI Agent들의 체류 시간 증대 등을 통해 광고 매출 확대에 기여할 뿐만 아니라 검색 광고나 이커머스 등 다른 서비스로 확장하는 기반이 되면서 AI 관련 성장성 등이 가속화될 것이다.

다른 한편으로는 고성능 오픈소스 파운데이션 모델인 라마를 기반으로 한 AI서비스가 늘어나고 있다. 이러한 생태계 확대로 말미암아 AI 서비스의 핵심이 될 AI Agent 시장과 더불어 VR/AR 기기시장에서 경쟁우위를 확보할 수 있을 것이다.

오라클(ORCL-US)

- 기업용 소프트웨어 및 인프라 서비스를 제공하는 업체
- AI로 인해 인프라 및 데이터베이스 수요 확대로 매출 성장성이 가속화될
  전망이다.

동사는 기업용 소프트웨어 및 인프라 서비스를 제공하는 업체로 주요 사업 부문은 Cloud & License 84%, 하드웨어 6%, 서비스 10%로 구성된다.

OCI(Oracle Cloud Infrastructure)라는 클라우드 플랫폼에서 제공되는 IaaS(Infrastructure as a Service)와 PaaS(Platform as a Service) 등 클라우드 인프라 서비스와 함께 이러한 인프라 위에서 작동하는 SaaS(Software as a Service) 등이 있다. IaaS는 가상머신·스토리지·네트워크 등의 기본적인 컴퓨팅 자원을 클라우드 환경에서 제공하는 서비스이고, PaaS는 애플리케이션을 개발·실행·관리하기 위한 플랫폼을 클라우드 환경에서 제공하는 서비스다.

또한 이러한 클라우드 인프라 서비스 위에 작동하는 CRM이나 ERP 등은 SaaS 형태로 판매되고 있다.

AI로 인해 인프라 및 데이터베이스 수요 확대로 매출 성장성이 가속화될 전망이다

동사는 기존 온프레미스 데이터베이스(DB) 소프트웨어 사업에 집중했기 때문에 2011년부터 2021년까지 10년 동안 매출 증가세가 정체되었다.

이러한 환경하에서 동사는 클라우드 사업을 강화하기 시작했다. 무엇보다 동사는 이미 CRM, ERP, HCM 등 여러 기업용 소프트웨어를 보유했기 때문에 관련 소프트웨어를 동사의 클라우드 인프라 서비스와 함께 통합해 고객에게 솔루션 형태로 제공할 수 있다. 동사의 인프라 서비스 자체만으로도 가격이 경쟁사 대비 저렴하기 때문에 고객사 측면에서는 비용을 절감할 계기가 될 수 있다.

동사 OCI 2세대 인프라는 AI로 특화되어 있고 경쟁사 대비 비용이 저렴해 대규모 데이터를 다뤄야 하는 고객들 수요가 확대되고 있다. 이에 따라 동사는 OpenAI, Cohere 등을 고객으로 보유하고 있으며 최근 메타의 라마 모델 학습에 기여하고 있다. 동사는 6만 5,000개 이상의 엔비디아 H200으로 확장 가능한 슈퍼 클러스터와 RDMA(Remote Direct Memory Access) 기술을 통해 표준화, 자동화된 데이터센터 운영이 가능하다는 점 등을 통해 향후 매출 고성장과 수익성 등이 개선될 것으로 전망된다.

동사 DB(데이터베이스) 사업 역시 멀티 클라우드 전략을 통해 마이크로소프트에 이어 구글, 아마존과 파트너십을 체결해 클라우드 마이그레이션이 지속되고 있다. 무엇보다 온프레미스 기반 업체의 경

【 오라클 주가 추이 】

(달러)

트럼프 1.0 　　　　바이든 대통령 임기　　　　 트럼프 2.0

자료: Bloomberg

우 여전히 동사 DB를 사용하고 있기 때문에 향후 AI 도입과 함께 데이터 현대화를 원하는 업체의 강한 마이그레이션 수요가 발생할 수 있을 것이다.

한편 SaaS 역시 AI agent를 통해 백오피스, 헬스케어 등 다양한 부문에서 생산성 향상을 도모하고 있다. 동사의 AI agent는 암진단을 위한 약물 설계, 게놈 분석, 농업 생산량 예측 및 개선을 위한 위성 이미지 분석 등에 사용되고 있다.

세일즈포스(CRM-US)

- CRM(고객관계관리) 등 기업용 소프트웨어 업체
- AI Agent 분야에서 성장을 주도할 전망이다.

동사는 1999년 설립된 미국의 SaaS 기업으로 CRM(고객관계관리) 등의 소프트웨어를 클라우드 형식으로 제공하고 있다. 또한 동사는 CRM에 그치지 않고 기업용 소프트웨어 생태계를 만들어 전 세계 기업을 지배하고 있다.

AI Agent 분야에서 성장을 확실하게 주도할 전망이다

동사는 주요 제품 모두에 AI를 탑재하며 생산성을 향상시켰다. 대표 서비스인 Customer 360 플랫폼에 탑재된 아인슈타인 GPT는 AI 기술을 활용해 예측 모델을 생성하고 있고, 슬랙 GPT는 오픈AI의 챗GPT, 앤트로픽의 Claude 등 다양한 언어모델을 이용해 업무와 생성형 AI를 접목할 수 있게 해준다.

Customer 360을 통해 데이터 레이크를 비롯한 AI 데이터 관리 솔루션도 제공한다. 데이터 클라우드에 탑재된 Tableau GPT는 AI 기반 빅데이터 분석과 가공을 통해 활용성과 생산성을 개선해준다.

【 세일즈포스 주가 추이 】

자료: Bloomberg

다른 한편으로는 반복적인 업무를 AI Agent로 대체해 불필요한 자원 낭비를 막을 수 있으며 임직원의 생산성과 효율성을 끌어올리는 용도로 활용할 수 있다.

이러한 환경하에서 2024년 9월, 동사는 에이전트포스(Agentforce)를 출시했다. 이러한 에이전트포스는 로우코드 기반의 자율형 AI Agent 플랫폼이다. 조직 내 역할, 워크플로 등을 기반으로 기업이 영업, 서비스, 마케팅, 커머스 등 다양한 분야에서 활용할 수 있다.

동사가 기업 소프트웨어 부문에서 강점을 지녔고, CRM 솔루션부터 마케팅 자동화, 고객서비스 앱, 데이터 관리 및 분석 등의 부문에서 경쟁력을 확보한 만큼 AI Agent 부문에서도 유리한 입지를 선점할 수 있을 것이다. 즉 동사는 각 기업의 고객에 대해 누구도 갖지 않은 정확하고 구체적인 정보를 보유하고 있기 때문에 AI 알고리즘의 성능 향상과 직결될 수 있다.

고객 데이터와 자체 데이터셋을 빠르고 간단하게 통합하는 동사의 기술력은 AI Agent를 디지털 노동자(digital workforce)로 도입하려는 기업들 입장에서는 최선의 선택이다. 이러한 에이전트포스 출시 이후 일주일간 200건의 신규 계약이 성사되며 기대감을 높이고 있다. 이에 따라 에이전트포스는 2025년부터 성장성 등이 본격화될 것이다.

서비스나우(NOW-US)

- 클라우드 기반 엔터프라이즈 솔루션 제공 업체
- 생성형 AI 제품 출시로 성장성이 가속화될 전망이다.

동사는 2004년에 설립된 클라우드 기반 엔터프라이즈 솔루션 제공 업체로서 Now 플랫폼이라는 단일 플랫폼을 통해 기업들에 IT 서비스뿐만 아니라 직원, 고객, 개발자용 워크플로우 관리 서비스 등을 제공하고 있다. 2020년 Element AI 인수를 통해 AI 챗봇 등 생성형 AI 관련 기능을 강화하고 있는 중이다.

동사는 IT 서비스 관리(ITSM, IT Service Management) 글로벌 1위 업체(시장점유율 40%)로 주요 경쟁사는 Atlassian, Ivanti, IBM, SAP 등이다. 2023년 기준으로 매출비중은 구독 96.8%, 전문 서비스 및 기타 3.2%로 구성되며 지역별 매출 비중은 북미 63%, EMEA 26%, APAC 및 기타 11% 등으로 구성된다.

생성형 AI 제품 출시로
성장성이 더욱 가속화될 전망이다

동사의 고객들은 ITSM, ITOM 등 다양한 워크플로우에서 생산성 향상을 위해 동사의 Now 플랫폼을 채택하고 있다.

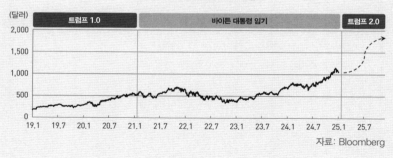

【 서비스나우 주가 추이 】

(달러)

| 트럼프 1.0 | 바이든 대통령 임기 | 트럼프 2.0 |

자료: Bloomberg

　동사는 최근 트렌드인 AI Agent를 선도적으로 시작해 분기를 거듭할수록 계약이 증가하는 중이다. 이러한 환경하에서 2024년 9월에는 신규 생성형 AI 플랫폼 버전인 Xanadu를 출시했는데, 자율 AI Agent 등 350개 이상의 기능이 추가되었을 뿐만 아니라 Now Assist 기능에 마이크로소프트의 Copilot을 통합했다. 이는 산업화 특화 생성형 AI로 지속적으로 확장이 가능할 것으로 예상됨에 따라 성장성 등이 가속화될 것이다.

　동사는 최근 데이터 관리 및 분석 솔루션인 Workflow Data Fabric도 출시했다. 무엇보다 해당 제품 출시를 통해 동사의 TAM은 5천억 달러로 기존 대비 2배 증가할 것으로 전망된다.

　특히 트럼프 2.0 시대에서는 연방기관들이 불필요한 지출을 줄이고 업무 생산성 또한 향상시키기 위해 AI Agent 소프트웨어의 채택이 늘어날 것으로 예상된다. 이에 따라 2025년부터 동사 공공 부문 매출의 성장세가 본격화될 것이다.

　한편 동사는 엔비디아와 제휴를 통해 기업용 AI Agent 도입도 가속화하고 있다. 엔비디아의 NIM(Nvidia Inference and Model) Agent인 블루프린트를 활용해 동사 Now 플랫폼에서 AI Agent를 공동 개발하고, 고객에게 유용한 비즈니스 지식 기반 활용 사례를 제공할 예정이다. 이를 통해 생성형 AI 경쟁력 등이 확보될 수 있을 것이다.

결국 동사는 고객이 AI 기술을 쉽게 활용할 수 있는 방안을 마련하고, 기업 혁신을 지원할 계획이므로 고객 확대에 기여할 것이다.

PART
04

- 미중 간 우주개발 경쟁구도로 인한 아르테미스 프로젝트의 본격화
- 더 강력한 우주군, 달과 화성 탐사, 그리고 민간 우주경제의 급성장
- 트럼프 2.0 시대의 우주 관련 투자 유망주

테마 3: 아르테미스 프로젝트, 우주군, 민간 우주경제 성장이 본격화되다

미중 간 우주개발 경쟁구도로 인한
아르테미스 프로젝트의 본격화

미국의 *NASA*는 아르테미스 프로젝트를 통해 우주 개발과
우주 활용을 위한 혁신적인 신기술과 시스템을 개발하고,
달 탐사를 발판 삼아 화성을 포함한 심우주 탐사로
도약하겠다는 원대한 목표를 내세우고 있다.

우주개발과 우주탐사는 제2차 세계대전 이후 미국과 소련의 냉전
체제하에서 정치군사적 측면에서의 전략적 우위를 선점하기 위한
수단으로 활용되면서 시작되었다.

소련은 1957년 10월 4일, 스푸트니크 1호를 발사해 성공시키며
지구의 시선을 우주로 확장시켰고, 이에 충격을 받은 미국이 뒤따라
우주과학 분야에 집중하기 시작했다. 그리고 1958년 미 항공우주
법 통과를 계기로 독립기구인 NASA(National Aeronautics and Space
Administration)를 출범시켰다.

이러한 스푸트니크 쇼크 이후 존 F. 케네디 전 미국 대통령은

1962년 9월 12일, 휴스턴의 라이스대학교에서 1960년대가 끝나기 전에 인간을 달에 보내겠다는 이른바 '문샷(Moonshot) 프로젝트' 연설을 했다. 1969년 7월에 아폴로 11호가 달에 착륙하면서 우주대전에서 소련을 제치는 원동력이 되었다.

이와 같이 1960년대부터 1970년대 중반까지 우주인의 궤도비행, 무인 탐사선을 이용한 달, 수성, 화성 궤도비행 및 착륙, 그리고 아폴로의 유인 달 착륙에 이르기까지, 지금껏 발사된 유무인 우주탐사선의 70% 이상이 이 시기에 발사되었을 만큼 미국과 소련의 우주개발이 가속화되었다.

미국과 소련 양국에 의해서만 지속되어오던 우주탐사에 글로벌 국제협력의 전기를 마련하게 된 것은 국제우주정거장(ISS, International Space Station)이었다.

1980년대 초반, 미국은 소련의 살류트(Salyut)와 미르(Mir) 우주정거장에 대응해 새로운 우주정거장 프리덤(Freedom)을 계획하고 일본과 유럽에 협력을 제안했다. 일본과 유럽은 1980년 중반 각각 자국의 실험모듈을 제작해 국제우주정거장 사업에 참여하기로 선언했다.

이로써 미국 주도의 우주개발에 이들 국가가 밀접하게 연결되었다. 이러한 협력관계는 오늘날까지 캐나다와 더불어 미국과 긴밀한 우주탐사 협력 파트너십을 유지해오는 계기가 되었을 뿐 아니라 독립적인 경쟁자로서 비약하려는 움직임을 제어하는 효과를 가져왔다.

프리덤 계획은 1990년까지 지속되어 추진되다가, 소비에트 연방이 해체되면서 취소되었다. 1993년 다시 협력관계로 발전한 미-러 양국이 새로운 국제우주정거장 계획을 선언하게 되고 1998년부터 미국, 러시아, 일본, 유럽, 캐나다가 참여해 사업이 시작되었다.

이 시기에 대표적인 우주탐사 국제협력 프로젝트로 미국과 유럽이 협력한 카시니-호이겐스(Cassini-Huygens) 토성 탐사선이 있다. 1982년에 유럽 과학자에 의해 처음 제안된 이 프로젝트는 1988년에야 합의가 이루어졌고, 그동안 형성되었던 상호경쟁의 구도를 벗어나 미국과 유럽(16개국 참여) 간의 협력관계를 개선하는 데 크게 기여했다.

NASA의 카시니 궤도선과 유럽우주국(ESA, European Space Agency)의 호이겐스 착륙선(토성의 위성인 타이탄에 착륙)은 1997년에 발사되어 2004년에 토성궤도에 진입했으며, 2017년 임무가 종료되었다.

이와 같이 2000년 전후 국제정세의 변화에 따라 글로벌 우주탐사의 경쟁과 협력은 우주정거장이란 공간과 함께 우주정거장과 지구를 왕복하는 과정에서 우주에서의 인류의 생존 가능성과 지속성을 훈련하고 과학적으로 확인하는 형태로 발전해왔다.

21세기에 들어서는 미국, 유럽, 러시아는 물론이거니와, 아시아의 주요 국가들인 중국, 일본, 심지어 인도까지 가세해 소위 'New Moon Rush'라 불리는 달 탐사 붐과 함께 우주개발 등이 가속화되고 있다.

트럼프 1.0 시대,
미국의 아르테미스 프로젝트 마련

————————◆————————

2003년 2월, 미국에서는 우주왕복선 컬럼비아호가 지구 귀환 도중에 공중 폭발해 탑승 우주인 7명 전원이 사망했다. 냉전 종식 이후 위축되었던 미국의 우주 탐사 활동이 이 사건을 계기로 더욱 움츠러들었다. 이후 11개월 후인 2004년 1월, 중국이 달 탐사 계획을 본격화하면서 달 탐사 제1기 프로젝트를 시작했다. 중국은 달 탐사 계획의 이름을 고대 중국 신화에 등장하는 달의 여신 이름을 따 '창어'라고 명명했다.

미국의 방관 속에 중국은 우주 탐사를 착실히 밀어붙였고, 목표를 속속 달성했다. 2007년 첫 달 탐사선 창어 1호가 달 궤도를 돌았고, 2011년에는 중국의 첫 우주정거장 톈궁 1호가 발사되었다. 2013년 창어 3호는 미국·소련에 이어 세 번째로 달에 착륙했고, 2019년에는 창어 4호가 달 뒷면에 착륙했다.

특히 창어 4호의 달 뒷면 착륙은 미국을 비롯해 전 세계에 충격을 안겼다. 그동안 중국이 달성한 성과들이 미국이 50~60년 전 이룬 것들이었던 데 반해, 달 뒷면 착륙은 중국이 세계 최초로 달성한 일이기 때문이다. 이는 곧 중국이 미국의 패권에 도전하고 있다는 것을 의미했다.

이러한 환경하에서 트럼프 1.0시대인 2017년 12월 11일, 당시 트럼프 대통령이 서명한 우주정책명령 1호(Space Policy Directive-1)는

NASA가 유인 달 탐사 추진뿐만 아니라 향후 화성 탐사까지도 추진하는 것이었다. 이와 같은 프로젝트 추진을 위한 민간·국제협력 강화 등을 위해서 2018년 NASA에 승인된 예산은 210억 달러였다.

이에 따라 창어 4호가 달 뒷면에 착륙한 지 녁 달 뒤인 2019년 5월, NASA는 그리스 신화에 등장하는 달 여신의 이름을 따서 '아르테미스(Artemis) 프로젝트'를 시작했다. 달의 남극 지역에서의 유인 달 탐사 활동을 중심으로 하는 아르테미스 프로젝트는 1972년 아폴로 17호 이후 명맥이 끊긴 미국의 유인 달 탐사를 약 50년 만에 재개하는 것이다.

아르테미스 프로젝트는 달의 장기적 탐사 및 활용, 이를 통한 유인 화성 탐사 준비를 주요 목적으로 한다. 단기 목표는 2027년까지 달의 남극 지역에 미국인 우주비행사 착륙에 성공하는 것이고, 장기 목표로는 달의 남극 지역에 아르테미스 베이스캠프 구축 및 2030년대 화성 유인 탐사를 위한 활동 준비계획을 마련하는 것이다.

이러한 아르테미스 프로젝트의 주요 단계는 무인 선행 탐사(~2020년대 초반), 초기 유인 미션(~2020년대 중반), 장기 유인 미션(2020년대 중반~), 달에서의 지속 체류, 유인 화성 탐사 준비 등으로 구분된다. 인류를 달에 상주시키겠다는 목표 아래 미국 주도로 전 세계 30여 개국이 참여하는 아르테미스 프로젝트와 그 하위 계획들이 정부와 민간 기업 주도로 진행되면서 달 탐사 준비에 속도가 붙고 있다.

달 탐사를 둘러싼 미중 간 경쟁으로
아르테미스 프로젝트의 본격화

———●———

첫 번째, 무인 선행 탐사(~2020년대 초반) 단계에서는 상업용 달 탑재체 수송 서비스(CLPS)를 이용해 과학 연구 및 기술 개발을 위한 다양한 선행 활동을 실시할 예정이다. 특히 달 남극 지역의 자원 탐사를 위한 달 탐사 로버(VIPER) 미션 수행 및 달 현지 자원 활용(ISRU)을 위한 기술 개발에 집중할 예정이다.

2022년 11월, 아르테미스 1호는 스페이스 론치 시스템(SLS) 로켓에 실려 발사된 뒤, 달 궤도를 돌며 발사 25일 만에 지구로 귀환했다. 우주선 내 각종 센서를 탑재한 마네킹을 싣고 앞으로의 유인 탐사 간 안전성과 기능 검증을 마쳤다.

상업용 달 탑재체 수송 서비스(CLPS)는 달 탐사를 위해 필요한 여러 물자를 민간 기업들이 달까지 택배 서비스처럼 배송해주는 것을 목표로 하는 프로젝트다. NASA는 2019년 무인 달 착륙선을 발사할 후보업체 14곳을 선정했으며, 2028년까지 이들 업체에 26억 달러를 지원할 예정이다.

이에 따라 상업용 달 탑재체 수송 서비스 1단계 계획의 경우 2024년부터 2026년까지 5개 업체가 달 착륙선 9개를 보낼 예정이다. NASA는 이러한 상업용 달 탑재체 수송 서비스를 통해 달 탐사 업무 전체를 주관하던 방식에서 벗어나 민간 업계가 착륙선의 설계 및 운영을 주도하도록 하고 있다

발사 로켓의 경우도 일론 머스크의 스페이스X, 록히드마틴과 보잉이 합작한 유나이티드론치얼라이언(ULA) 등이 제작한 것을 활용한다. 여기엔 민간 기업의 투자를 촉진해 업계 경제 규모를 키워 중장기적으로 우주 탐사에 드는 비용을 줄이겠다는 의도다.

이러한 환경하에서 2024년 미국에서는 1972년 이후 52년 만에 달에 탐사선을 보냈다. 2024년 2월 15일, 미국 플로리다주 케네디우주센터 발사단지에서 민간 우주기업 인튜이티브 머신(Intuitive Machines)의 달 무인 착륙선 오디세우스(노바-C IM-1)를 스페이스X의 팰컨9 로켓에 실어 발사했다. 2024년 2월 22일, 달 남극의 분화구 말라퍼트 A 인근에 연착륙했으며, 민간 기업으로는 세계 최초 성과라는 점에서 의미가 있다.

두 번째, 초기 유인 미션(~2020년대 중반) 단계에서는 NASA의 신형 유인발사체(SLS) 및 유인우주선(Orion)을 이용해 달까지의 유인 수송 기술을 확보하는 것이다. 달 표면 탐사 활동을 지원하게 될 달 주위를 도는 달 궤도 우주정거장(Gateway) 건설을 위한 모듈(PPE, HALO 등) 발사 및 조립 등이 이루어진다. 또한 인간착륙시스템(HLS, Human Landing system)을 이용해 달 남극 지역에 최초의 여성 우주비행사를 태우고 착륙하는 것이다.

NASA는 2026년 4월, 아르테미스 2호인 오리온(Orion) 우주선에 여성과 유색인종 등으로 구성된 우주인 4명을 태워 달 궤도로 보낼 예정이다. 달 궤도를 돌면서 안전한 착륙을 위한 데이터를 확보하고, 우주선 내부 생명 유지시스템 등 기술을 검증한 후 지구로 귀환하는 것이 목표다.

이러한 검증이 완료되면 2027년 중반에는 아르테미스 3호를 발사해 우주인 4명을 달 남극에 착륙시켜 일주일간 탐사활동을 벌인 뒤 이륙해 귀환하는 것이다. 현재의 임무 구조에 따르면 우주인들은 NASA의 오리온 우주선을 타고 달 궤도까지 이동한 뒤 달 궤도에서 인간착륙시스템(HLS)으로 알려진 스페이스X의 스타십과 도킹해 스타십 HLS로 옮겨 타게 된다. 이후 스타십은 우주인들을 태우고 달 표면으로 내려가 착륙시킬 예정이다.

2028년 달 궤도에 건설될 우주정거장 루나 게이트웨이는 달 탐사와 달 기지 건설에 나서는 우주선들이 지구와 달 사이를 오가며 도킹하는 달 정거장 역할을 할 것으로 기대된다. 이에 따라 루나 게이트웨이는 우주비행사 네 명이 최대 30일 동안 머물 수 있는 공간으로 설계된다.

이러한 루나 게이트웨이의 경우 캐나다, 유럽연합(EU), 일본, 아랍에미리트(UAE) 등이 각국의 기술을 총동원해 다국적 협력으로 진행 중이다. 캐나다에서는 우주 로봇팔 캐나담(Canadarm)3 시스템을 제공해 정거장의 조립 및 유지 보수를 지원할 예정이다. 유럽우주국(ESA)은 우주비행사들이 생활하고 연구할 수 있는 공간인 모듈을 짓고 있을 뿐만 아니라 일본 우주항공연구개발기구(JAXA)는 물자 보급선 개발 등 장기 체류에 필요한 물자 공급을 맡았다. 이러한 루나 게이트웨이 등을 통해 지속 가능한 방식으로 달 탐사를 이어나갈 뿐만 아니라 화성 탐사의 테스트베드(실험장)로도 활용할 계획이다.

미국의 아르테미스 프로젝트는
화성 탐사를 위한 준비 단계

———————————•———————————

세 번째, 장기 유인 미션(2020년대 중반~) 단계에서는 달 탐사 인원 및 기간, 범위, 인프라를 늘려가며 달 탐사 활동을 지속적으로 확대할 예정이다. 달 표면에서의 이동을 위한 월면차, 달에서의 장기 거주를 위한 플랫폼, 통신, 전력 등 인프라를 갖춘 아르테미스 베이스 캠프도(Artemis Base Camp) 구축할 예정이다.

이에 따라 NASA는 달로 대형 화물을 두 차례 보내는 임무를 계획하고 있다. 먼저 스페이스X의 스타십이 일본 우주항공연구개발기구(JAXA)의 가압식 로버(탐사 차량)를 2032년까지 달 표면에 착륙시키도록 요청했다. 스페이스X의 스타십은 50m 높이의 일체형 우주선으로 대형 화물을 실을 수 있는 장점이 있다.

또한 블루 오리진에는 블루문(Blue Moon) 화물선으로 2033년까지 달 거주 시설을 운송하도록 요청했다. 블루 오리진의 블루문 착륙선은 높이가 16m로 스타십보다 작지만 아폴로 달착륙선처럼 여러 부분으로 나뉘는 모듈형이어서 우주로켓에 맞춰 형태를 바꿀 수 있다.

네 번째, 달에서의 지속 체류 단계에서는 달 자원의 활용(물, 수소, 산소 등을 추진체 및 생명 활동 지원에 활용) 등을 통해 지속가능한 달 탐사 활동 실현 및 달 탐사 경제를 확대할 예정이다.

다섯 번째, 유인 화성 탐사 준비 단계에서는 화성까지의 장기 유인 비행 임무를 달 주변에서 시뮬레이션할 것이다. 또한 유인 화성 탐사에 필요한 기술 등을 달에서 검증하고 시험하는 등 달이 화성 탐사를 위한 전초기지로 활용될 예정이다.

이와 같이 NASA는 아르테미스 프로젝트를 통해 우주 개발과 우주 활용을 위한 혁신적인 신기술과 시스템을 개발하고, 달 탐사를 발판 삼아 화성을 포함한 심우주 탐사로 도약하겠다는 목표를 내세우고 있다.

한편 중국의 경우 2030년 이전 달 유인 착륙, 2030년대 중반 달 기지 건설 등을 포함해 2050년까지 미국을 추월한다는 우주굴기 로드맵을 수립했다. 이에 따라 미국 우선주의를 앞세운 트럼프 2.0 시대에 일론 머스크의 영향력 아래 스페이스X 등을 활용해 미국 우주 프로그램이 가속화할 경우 미-중간 대립적인 우주개발 경쟁구도가 더 심화될 수 있을 것이다.

미국의 아르테미스 프로젝트, 중국의 달 기지 건설은 두 나라의 세력 규합장 역할을 하고 있다. 현재 미국의 아르테미스 협정엔 50여 개국이, 중국의 달 기지 협정엔 10여 개국이 서명을 한 상태로 트럼프 2.0 시대에는 세 불리기가 더 가속화될 수 있을 것이다. 이와 같이 미국과 중국의 패권 다툼 등으로 달 탐사를 둘러싸고 경쟁이 격화되고 있어서 트럼프 2.0 시대 미국의 아르테미스 프로젝트 등이 본격화될 수 있을 것이다.

더 강력한 우주군, 달과 화성 탐사, 그리고 민간 우주경제의 급성장

> 트럼프 2.0 시대에는 더 강력한 미우주군,
> 미국의 가치에 유리한 국제 환경을 형성할 달과 화성 탐사,
> 민간 우주경제의 급성장 등이 본격화될 것이다.
> 민간 우주기업에 대한 규제 정책에도 변화가 예상된다.

트럼프 1.0 시대에는 우주정책 지침 등을 통해 국가우주위원회를 14년 만에 재가동하고 우주군을 창설하는 한편, 아폴로 이후 반세기 만에 새로운 달 유인 착륙 프로그램 아르테미스가 시작되었다. 특히 2019년 12월, 미국에선 우주군(space force)이 창설되었다. 이러한 우주군은 미국의 5군인 육군, 해군, 공군, 해병대, 해안경비대에 이은 여섯 번째 군대다. 1947년 공군이 육군에서 떨어져나와 별도 군으로 창설된 이후 72년 만에 미국에 새로운 군대가 생긴 것이다.

우주군이 실제로 우주 전쟁을 준비하거나 우주에 전투 병력을 배치하는 임무를 수행하는 것이 아니다. 중국, 러시아와의 우주 개발

경쟁에서 미국의 우위를 유지하고 우주 영역에서 발생할지 모를 안보 위협을 차단하는 것이 주목적으로, 군사 분야에서도 우주의 중요성이 점점 커지는 현실을 반영한 것이다.

우주군의 임무는 각종 탐지 정보를 분석해 우주 영역에서 발생하는 위협을 억제·차단하는 것이다. 즉 인공위성을 이용한 위치 추적, 조기 미사일 탐지 및 경보, 감시 등의 임무를 수행한다. 안보 문제에서 우주 기술의 활용과 중요도가 높아짐에 따라 우주에 존재하는 국가 자산을 보호하는 역할도 맡는다.

미국이 본토 외 지역에 우주군 부대를 만든 것은 인도·태평양사령부, 중부사령부, 주한미군사령부, 주일미군사령부 등이다. 이와 같이 현재 군사지형은 지상·해상·공중의 전통적 영역뿐만 아니라 사이버, 우주까지 포함된 다영역 작전으로 진화하고 있다.

뉴스페이스 활성화로
스페이스X가 수혜를 받을 가능성

이러한 환경하에서 트럼프 2.0 시대 우주정책의 기본 방향은 지구 근궤도에서 강력한 제조 산업을 건설하고, 우주비행사를 달과 화성으로 보내며, 빠르게 확장하는 민간 우주 부문과의 협력을 강화해 우주에 접근하고, 거주하고, 우주 자산을 개발하는 능력을 혁신적으로 발전시키는 것이다. 이에 따라 트럼프 2.0 시대에는 더 강력한 미우주군, 미국의 가치에 유리한 국제 환경을 형성할 달과 화성 탐사, 민간 우주경제의 급성장 등이 본격화될 것이다.

민간 우주기업에 대한 규제 정책에도 변화가 예상된다. 이에 따라 우주 계약 담당 기관인 NASA뿐만 아니라 원격 감지 위성을 규제하는 해양대기청(NOAA), 통신 주파수 할당과 우주 쓰레기 문제를 맡고 있는 연방통신위(FCC)에도 효율 제고를 명분으로 공급자인 기업을 중심에 둔 규제 완화 등이 가시화될 것이다.

이러한 환경하에서 트럼프 2.0 시대 NASA 신임 국장으로 억만장자 출신 사업가 재러드 아이잭먼이 임명되었다. 아이잭먼은 NASA 국장으로 임명받은 후 미국인들이 달과 화성을 걸을 것이라는 포부를 밝혔다.

아이잭먼은 2021년에 스페이스X의 첫 번째 민간인 우주비행 임무인 인스피레이션4(Inspiration4) 임무를 이끌었다. 2024년 9월에는 스페이스X의 우주선을 타고 민간인 최초로 우주유영을 진행하는 폴라리스 던(Polaris Dawn) 임무를 사령관으로서 주도했다.

NASA 신임 국장으로서 당면한 주요 과제는 50년 만에 재개되는 유인 달 탐사 임무인 아르테미스 프로젝트의 본격화다. 미국 정부 예산의 효율을 높이기 위해 추진한 민간 주도의 우주사업 방식인 뉴스페이스(New Space)가 더 활성화되면서 민간 우주경제의 성장속도가 빨라질 수 있을 것이다. 여기에서 '뉴스페이스'는 정부가 기술이나 시스템 개발을 주도하지 않고 기업이 개발한 것을 구매하는 방식을 말한다.

이러한 뉴스페이스에는 우주 로켓 재활용 기술 발전이 핵심으로 자리잡고 있다. 즉 우주개발 프로젝트 측면에서 추진 로켓 개발 비용이 가장 큰 걸림돌로 작용했으나 스페이스X에서 한 번 발사한 로켓을 회수해 재활용함으로써 막대한 비용을 줄이는 효과가 있었다.

무엇보다 2024년 10월, 스타십 우주선의 2단 로켓 중의 1단 추진 로켓인 슈퍼헤비 로켓이 약 7분 후, 기지의 발사탑으로 내려와 수직으로 착륙한 것이다. 슈퍼헤비 로켓은 지상의 발사탑 쪽으로 접근하면서 역추진 로켓을 점화시켜 불을 뿜으며 속도를 빠르게 낮췄다. 그리고 마치 젓가락처럼 생긴 대형 로봇팔 2개가 이 커다란 로켓을 상공 바로 위에서 붙잡는 데 성공했다.

이번 로봇팔에 의한 로켓 회수의 성공은 이 로켓 재활용 기술이 계속 진보하고 있다는 신호탄이다. 이에 따라 스페이스X 등이 훨씬 적은 비용으로 정부의 우주 임무를 수행하면서 아르테미스 프로젝트 등이 본격화될 수 있을 것이다.

다른 한편으로는 트럼프 2.0 시대에 미국 연방통신위원회(FCC) 새 수장으로 브렌던 카 FCC 위원이 지명되었다. 미국 연방통신위원회(FCC, Federal Communications Commission)는 방송·통신 정책을 수립·집행하고, 방송·통신 사업 규제를 총괄하는 독립 행정 기관이다.

지난 2022년 12월, FCC는 2세대 스타링크 위성 29,988기 가운데 7,500기에 대한 발사를 승인했다. 이후 통신용 인공위성 발사 승인을 하지 않고 있기 때문에 스페이스X의 2세대 통신용 사업에 차질이 빚어지고 있다.

카 지명자는 그동안 FCC의 스페이스X에 대한 정책 조치에 대해 강력하게 비난하는 행보를 보였을 뿐만 아니라 트럼프 2.0 시대에 FCC는 다양성, 형평성, 포용성 정책의 추진을 종료할 것이라고 언급했다.

이에 따라 카 지명자가 취임하는 즉시 지난 2022년 말 이후 중단된 스페이스X의 스타링크 운용을 위한 통신용 인공위성의 추가적인 발사가 허용될 가능성이 높다. 뿐만 아니라 광대역 기술 발전 측면에서 규제 완화 등이 수반될 수 있을 것이다.

저궤도 초소형 위성을 기반으로 민간 우주경제의 급격한 성장

지구를 둘러싸고 있는 위성궤도는 지구로부터의 고도에 따라 저궤도(LEO), 중궤도(MEO), 정지궤도(GEO)로 구분된다. 지구 고도에 따라 지구 상공을 회전하는 속도가 다르고, 지구 중력의 영향에도 차이가 있어 위성궤도는 다양한 활용 목적으로 사용된다.

지상 300~1,500km 사이의 공간인 저궤도(LEO)는 영상자료를 확보하는 위성 운용에 주로 이용된다. 저궤도에 위치한 위성은 지구의 자전속도보다 빠른 속도로 하루에 13~14회 지구를 돈다. 지구와 비교적 가까운 거리에서 회전해 지구 영상을 선명히 얻을 수 있기 때문에 감시 및 정찰뿐만 아니라 재난재해를 신속히 파악하고, 국토개발을 위한 기초자료도 얻을 수 있다. 최근에는 수십만여 개의 초소형 위성을 이용한 실시간 인터넷망에도 활용된다. 또한 국제 우주정거장도 저궤도에서 운용된다.

1,500~36,000km 사이의 공간인 중궤도(MEO)는 이동통신위성, 위성항법 시스템 등에 사용된다. 특히 위성항법 시스템은 위치정보와 정확한 시간정보를 제공해, 자동차 내비게이션과 같은 편리한 서비스를 가능하게 하며 국방 분야에서도 중요한 인프라로 활용된다.

좀 더 고도가 올라가면 위성이 지구 주위를 회전하는 속도가 줄어들기 시작해 고도 36,000km 부근에 이르면 지구의 자전 속도와 같아져 마치 지구에서 보면 정지해 있는 것과 같은 정지궤도(GEO)에 이른다. 정지궤도에서는 세계 곳곳을 연결해주는 통신, 방송중계를 비롯해 지구환경, 기상관측 등의 임무를 수행하는 위성이 운용된다.

새로운 우주시대를 맞이해 단기간이면서 저비용 개발이 가능한 저궤도 초소형 위성을 기반으로 우주산업이 급격히 성장중에 있다. 이러한 초소형 위성은 주로 군집 운용을 통해 광역성 또는 (준)실시간성 임무를 수행하는 위성이다. 일정한 크기 및 무게 단위로 규격화된 형태의 큐브위성 또는 통상적으로 100kg급 이하의 위성을 포괄적으로 통칭한다.

이렇게 초소형 위성은 여러 대를 군집으로 운용해, 동일 지점에 대해 더 자주, 또는 동일 시간에 더 넓게 관측할 수 있다는 장점이 있기 때문에 중·대형 위성의 임무를 효과적으로 보완하고, 비용 문제로 시도하기 어려웠던 새로운 임무도 수행할 수 있을 것으로 기대된다. 다른 한편으로는 스페이스X 등의 발사체 회수 및 재사용 기술 개발의 성공뿐만 아니라 위성 대량 생산체계 구축 등으로 위성 발사 및 제작비용 등이 크게 감소하고 있는 중이다.

저궤도 위성통신 시장선점을 위한 경쟁체제의 확대

이에 따라 일론 머스크가 주도하는 스페이스X 등을 중심으로 원웹, 아마존 등 저궤도 위성통신 시장선점을 위한 경쟁체제가 확대되고 있다. 먼저 스페이스X의 경우 저궤도 위성 인터넷 프로젝트로 스타링크를 운영하고 있는데, 이러한 스타링크를 통해 기존의 위성통신망을 개선할 뿐만 아니라 유선인터넷·무선통신망의 한계를 극복하면서 전 세계를 대상으로 초고속 인터넷망을 구축하는 것을 목표로 하고 있다.

스타링크는 총 4만 2,000기의 저궤도 위성군 배치를 통해 시골, 고립 지역 등 지상 인프라 미구축 지역 등의 인터넷서비스를 제공할 뿐만 아니라 품질 개선 등을 목표로 하고 있다. 그러나 2024년 9월 기준 FCC로부터 승인받은 위성 수는 1만 9,500기에 불과하다. 즉 스타링크의 위성군은 1세대와 2세대로 구분되며, 1세대 1만 2,000기는 승인이 완료되었으며, 2세대 목표 위성 수 2만 9,988기 가운데 7,500기만이 발사 승인이 완료된 상황이다. 또한 스페이스X가 쏘아 올린 스타링크 위성 수는 2018년 2월, 시험위성 2개 발사를 시작으로 망 구축에 나선 지 6년 7개월 만인 2024년 9월에 약 7,000기가 되었다. 이 중 궤도에 정상적으로 안착한 위성은 약 6,400기로 추정된다.

특히 스페이스X는 발사체 회수 및 재사용 기술을 이용해 해를 거듭할수록 스타링크 위성 발사 횟수를 늘려가고 있다. 이에 따라 스타링크 위성 수가 처음 2,000기를 돌파하는 데는 2년 8개월이 걸렸으나, 이후 같은 기간 동안 추가로 발사한 위성은 5천 기에 이른다.

1세대 위성군은 두 단계로 나뉘어 설계되었는데, 1단계로 4,408기의 저궤도 위성을 발사했고, 2단계에서 7,518기의 위성이 발사될 계획이다. 1세대 위성군은 팔콘9에서 발사되고 있는 중이다. 2세대 위성군은 2만 9,988기 위성으로 구성되며, 스타십을 이용해 발사할 예정으로, 2031년 말까지 고도 340~614km에 배치하는 것을 목표로 하고 있다.

스페이스X는 2019년 5월에 저궤도 위성 발사를 개시했으며, 2020년 8월, 베타 서비스를 시작으로 미국 북부, 캐나다, 영국 등 100개국 이상에서 2024년 5월, 총 가입자가 300만 명을 돌파했다. 이후 같은 해 9월에는 400만 명을 넘어섰다. 이러한 가입자 등을 대상으로 위성 인터넷뿐만 아니라 위성 이동통신·군용 위성·군사 통신 등의 서비스를 제공중이다.

이와 더불어 스페이스X는 2024년 초부터 다이렉트 투 셀(Direct to Cell) 사업을 준비하고 있는데, 이에 따라 일부 위성에 다이렉트

투 셀 기능을 탑재해 쏘아 올리고 있는 중이다.

다이렉트 투 셀은 저궤도 위성과 스마트폰을 직접 연결해 문자, 전화, 검색 등이 가능한 통신서비스로 인터넷 음영 지역뿐만 아니라 항공·해상 지역에서도 통신이 가능하고, 기지국 등 망 구축 비용이 절감된다는 장점이 있다. 이 서비스에는 미국의 티모바일(T-Mobile)을 비롯해 캐나다 로저스(Rogers), 일본 KDDI, 호주 옵투스(Optus) 등 8개국 7개 회사가 사업에 참여할 예정이다.

저궤도 위성통신
성장의 본격화

그 다음으로 유텔셋 원웹의 경우 글로벌 초고속위성 인터넷 제공을 목표로 2단계에 걸친 저궤도 위성군 배치 계획이 진행중이다. 2019년 2월에는 세계 최초로 저궤도 통신위성 발사에 성공했다.

1단계로 위성 648기를 고도 1,200km 궤도에 배치하고, 2단계로 약 2,000기의 위성을 추가 배치해 위성통신망을 촘촘하게 구축해 서비스 커버리지를 전 세계로 확장할 계획이다.

유텔셋 원웹은 634기의 저궤도 위성군을 구성해 우주 인터넷망을 완성했다. 이에 따라 엔터프라이즈, 해상, 항공, 모빌리티 등 기업 간 거래(B2B) 서비스 활성화에 우선 집중할 예정이며, 다양한 저궤도 위성용 안테나 공급업체 등과 계약을 체결했다.

2024년 6월 기준 미국, 캐나다, 오스트리아, 이탈리아, 프랑스, 포르투갈을 비롯한 38개국에서 인터넷 서비스를 제공중이다. 2024년 2월에는 랜드 모빌리티(Land Mobility) 연결 서비스를 출시해 저궤도 위성을 통해 이동중에도 고속 통신이 가능함을 선보였다. 이러한 랜드 모빌리티를 통해 북미와 남미, 유럽, 호주의 고객들은 여행이나 출장중에도 최대 200Mbps 속도의 모바일 서비스에 접속할 수 있다. 랜드 모빌리티 서비스가 활성화되면 운송, 응급 구조대, 미디어, 석유 및 가스 산업, 광업, 정부 및 NGO 등 다양한 분야에서 새로운 사업 기회가 창출될 수 있을 것이다.

또한 기존에 LEO 위성 기업이었던 원웹이 지난 2023년에 프랑스의 GEO 위성 사업자인 유텔셋에 인수되며, 유텔셋 원웹으로 새롭게 출범함에 따라 GEO-LEO 결합 서비스를 제공할 수 있게 되었다.

이에 따라 유텔셋 그룹은 결합 서비스를 통해 유선연결(백홀, 기업 네트워크), 정부 서비스 및 모바일 연결(해상 및 기내)을 포함하는 새로운 시장과 애플리케이션을 출시해 고객에게 제공할 방침이다.

한편 저궤도 위성을 활용한 우주인터넷 서비스는 항공기, 선박, 기차, 차량, UAM(도심형항공모빌리티) 기체 등에 안테나를 장착해 인터넷 접속이 어려운 오지(통신 음영지역), 해상, 공중 등 세계 어느 곳에서나 24시간 안정적인 통신이 가능하도록 초공간 인프라를 제공한다.

우주인터넷 서비스는 2022년 초 러시아의 공격으로 우크라이나의 민·군 통신 인프라가 파괴되었으나 국제 지원하에 스타링크 위성단말기가 공급되면서 우크라이나군은 군사작전에 저궤도 위성통신망을 활용해 러시아와의 전쟁에서 국면 전환을 할 수 있었다.

미래의 6G 이동통신 시대에는 지상-위성 통합망 기반으로 지상과 해상, 공중을 잇는 초공간·초고속 통신서비스가 제공될 것으로 예상되며, 저궤도 위성통신이 핵심적인 역할을 담당하게 될 것이다.

무엇보다 저궤도 위성통신 산업의 패러다임은 뉴스페이스의 확대로 기존 정부 주도에서 민간 기업 주도의 기술개발 및 사업 진행으로 변화되고 있다. 또한 이렇게 활성화되는 시장에 대응해 각국 정부와 기관에서 정책 및 규제에 관한 다양한 논의가 진행되고 있다.

이러한 환경하에서 발사체, 관측 위성, 달 착륙 등 탐사의 영역이었던 우주가 저궤도 위성통신 등 차세대 이동통신, 자율주행, 군용통신, 지상망 연결, 지상 백업 통신망, 위성모바일 통신, 위성 탐사 및 관측, 농업, 항법, 재난 예측 등 산업 생태계를 기반으로 하는 비즈니스 영역으로 진입하며 민간 우주경제의 급성장을 이끌 것이다.

주한 미우주군이 확대되면서
425사업 등 독자 정찰위성체계의 본격화

─────●─────

2022년 12월, 주한미군 사령부는 주한 미우주군(USSFK)을 창설했다. 주한 미우주군은 우주 기획, 우주 전문 역량, 우주 지휘통제 기

능을 주한 미군 사령관에게 제공하고, 역내 미사일 경보와 위성위치
확인 시스템(GPS), 위성통신 등의 임무를 수행한다. 이에 따라 주한
미우주군이 북한과 러시아, 중국의 안보 위협에 맞서 감시를 강화할
수 있을 것이다.

주한 미우주군은 미국 우주군과 인도태평양사령부 산하 우주군
구성군사령부와 C4I체계로 연결해 북한의 ICBM 등 핵·미사일 감
시 정보를 실시간으로 공유할 수 있다. C4I란 지휘(Command), 통제
(Control), 통신(Communication), 컴퓨터(Computer), 정보(Intelligence)
의 5가지 요소를 유기적으로 통합하고 전산화하는 체계다.

무엇보다 미국은 북한이 미국의 우주 자산을 공격할 수 있는 전자
기전 역량을 갖춘 것을 확인한 만큼, 우리나라는 향후 미국이 주도
하는 인도-태평양 지역에서의 다양한 우주작전에 본격적으로 참여
할 것이다.

특히 한·미 동맹 체계에 우주 분야가 완전히 통합되도록 해 북핵
과 미사일 위협에 대응하는 확장억제 방안에 우주 위협도 주요 항목
으로 포함시킬 것이다. 이에 따라 향후 주한 미우주군 부대 규모를
확대해 북한 미사일에 대한 경계 태세가 강화될 예정이다.

한편 우주공간은 공역(air space)과 달리 국제법적으로 주권이 미
치지 않는 지역으로 자유로운 통행이 보장되고, 정찰기능 등 국가안
보 목적으로도 매우 유용하게 사용된다.

이에 따라 정찰위성은 상대국의 상공을 비행하면서 상대국의 상
황을 모니터링할 수 있다. 특히 현대전은 우주 능력의 차이가 전투

능력의 차이로 이어지기 때문에 우주자산의 보호와 안전한 운용은 중요한 국가안보 이슈다.

우리나라는 다목적 실용위성(아리랑) 5호 등 전자광학(EO, Electro Optic) 위성과 영상레이더(SAR) 위성을 보유해 운영하고 있다. 그러나 한반도 상공을 지나는 횟수가 적어 북한의 이동식 미사일 발사대나 핵·미사일 등 위협을 실시간 탐지하기에는 턱없이 부족한 실정으로 미국의 정찰자산에 의존할 수밖에 없는 상황이다.

이에 따라 독자적인 군사정찰 위성 획득을 목표로 하는 425 사업 등이 추진되고 있다. 독자 정찰위성은 북한의 위협을 실시간 탐지하고 선제 타격하는 군의 대응 시스템(킬 체인)의 눈으로 불린다.

425사업은 방사청과 국방과학연구소(ADD) 주도로 북한 미사일에 대응하기 위해 고성능 영상레이더(SAR) 탑재 위성 4기와 전자광학(EO)/적외선(IR, Infra Red) 탑재 위성 1기 등 정찰위성 5기를 지구 궤도에 올려 전력화하는 사업으로 약 1조 3,000억 원이 투입될 예정이다.

5기 위성무게는 각각 800kg급으로 2023년 12월 2일, 전자광학(EO)/적외선(IR) 탑재 위성 1호기부터 시작해서 2024년 4월 8일과 12월 21일에 각각 2호기와 3호기 SAR 위성을 발사했다. 2025년 2월과 5월에는 각각 4호기와 5호기 SAR 위성 발사를 추진중에 있다.

군사정찰위성 1호기는 일반적인 카메라 기술과 유사한 가시광 대역에서 물체로부터 발생하는 광원을 전자결합소자로 포착해 영상화하는 전자광학 센서와 함께, 빛이 없는 밤과 같은 어두운 환경에서도 물체로부터 발생하는 온도·열원을 감지해 적외선 대역에서 영상화하는 적외선 센서를 탑재한 위성이다.

이에 따라 주간에는 전자광학, 야간에는 적외선 센서로 촬영하고 있으며, 해상도는 가로·세로 30cm 크기의 지상 물체를 하나의 픽셀로 인식하는 수준이다.

2~5호기에 탑재된 SAR의 경우 공중에서 지상 및 해양으로 레이다를 순차적으로 쏜 뒤 굴곡 면에 반사되어 돌아오는 미세한 시차를 처리해 지상 지형도를 만들거나 지표를 관측하는 방식이다. SAR을 통해 만들어진 영상은 흑백으로 나타나 시인성과 가독성이 떨어지지만, 날씨에 상관 없이 주·야간 전천후 초고해상도 위성 영상 획득이 가능하다.

그동안은 독자 정찰위성이 없어 대북 영상 정보를 미국에 전적으로 의존해왔지만 425사업으로 군 정찰위성 5기를 순차적으로 궤도에 올려놓으면 2시간마다 북한 전역의 미사일 기지와 핵실험장 등 주요 시설 관련 정보를 수집할 수 있게 된다.

킬체인(Kill Chain)은 유사시 북한의 핵·미사일 시설을 선제 타격하는 전략을 말한다. 이러한 킬체인의 경우 우리 군이 북한의 도발 징후를 포착하고 선제 타격하려면 정찰위성을 통해 적의 지휘부와 핵심 기지 등의 위치를 파악하는 것이 핵심이다. 이에 따라 군 정찰위성은 한국형 3축 체계 가운데 하나인 킬체인의 핵심 자산이다.

정찰위성체계가 본격화되면서
우주개발 성장의 견인 역할

———————●———————

다른 한편으로는 초소형 위성체계 사업도 추진되고 있다. 초소형 위성체계 사업의 경우 다수의 군집 위성이 저궤도에서 각자 정해진 궤도를 돌면서 탐지 지역의 이상 징후를 식별할 수 있는 정찰위성체계다. 무엇보다 위성을 초소형으로 제작해 군집 형태로 운용하면 낮은 비용으로도 위성이 같은 지점 정찰을 위해 궤도를 한 바퀴 도는 주기인 재방문 주기를 줄이는 장점이 있다.

초소형 위성체계 등을 통해 신속히 획득된 위성 영상정보로 한반도 및 주변 해역의 위기사항을 감시할 뿐만 아니라 해양 안보, 치안, 재난 위협의 대비 등에 활용될 예정이다. 무엇보다 우리 군이 425사업 일환으로 발사되는 위성과 함께 북한 핵·미사일 등 대북 감시를 위한 정보·감시·정찰(ISR) 자산으로 활용될 전망이다.

이러한 초소형 위성체계 사업에 2022~2030년까지 약 1조 4,223억 원이 투입될 예정으로 총 44기(영상레이더 40기, 전자광학/적외선 4기)의 초소형 위성(무게 100kg 미만)을 궤도에 올릴 것으로 예상된다.

구체적으로 2026년 검증위성, 2028~2029년 SAR 위성, 2030년 EO/IR 위성이 발사될 예정이다. 초소형 정찰위성까지 확보하면 30분 단위로 한반도를 정찰할 수 있게 된다. 이를 위해 국방과학연구소(ADD) 중심으로 고체연료 추진체계를 적용한 우주발사체를 이용해 인공위성을 임무 궤도에 진입시키는 데 필요한 기반 기술을 연구·개발중이다.

2023년 5월, 복수의 영상레이더 검증위성 업체가 선정되었으며, 2026년 하반기에 검증위성을 발사해 성능을 검증한 후 2028년부터 다수의 위성을 순차적으로 발사할 계획이다.

무엇보다 이러한 초소형 위성의 경우 수명 주기가 짧아 수시로 발사가 되어야 하기 때문에 수요 확대로 시장 규모가 커지면서 우주개발 성장을 견인할 것으로 예상된다.

트럼프 2.0 시대의
우주 관련 투자 유망주

AP위성

한화시스템

컨텍

인텔리안테크

에이치브이이엠

루미르

로켓랩(RKLB)

인튜이티브 머신스(LUNR)

세틀로직(SATL)

플래닛랩(PL)

AP위성(211270)

- 인공위성 및 관련 부품, 위성통신 단말기 등을 개발 및 제조
- 우주 빅사이클 도래로 달 탐사, 군정찰, 단말기 등에서 성장 가속화

동사는 수년간 다목적 실용위성 사업으로 대표되는 국가우주개발 사업에 참여해, 위성 본체 체계 개발, 위성 탑재체 국산화 개발, 위성 시험용 EGSE 국산화 개발, 위성 AIT 등 다양한 우주기술의 국산화 가 이루어졌다.

또한 동사 위성통신 단말기의 경우 주요 고객은 UAE 두바이 소 재의 이동위성통신 사업자인 THURAYA다. THURAYA는 2대의 정 지궤도위성을 이용해 유럽, 아프리카, 중동, 호주 지역 및 한국과 일 본을 포함하는 아시아 전역을 대상으로 이동위성통신 서비스를 제 공하고 있다.

정부의 우주개발 투자 증가가
수주 확대로 이어져 밸류에이션이 리레이팅될 전망이다

글로벌 우주 산업 규모는 2021년 기준 약 3,860억 달러인 반면 국내 우주 산업 규모는 3조 2,610억 원으로 세계 우주 산업의 1% 수준에 불과하다. 이에 대해 정부에서 국내 우주 산업 규모를 2045

년 세계시장의 10% 수준까지 육성하겠다는 목표를 제시했다.

이러한 환경하에서 2023년 10월, 달 착륙선 개발을 담은 달 탐사 2단계 사업 시행이 2022년 제3차 국가연구개발사업 예비 타당성 조사 종합 평가를 거쳐 최종 확정되었다. 총 사업비로 약 5,303억 원이 투입된다.

이러한 달 탐사 2단계 사업이 2023년 10월부터 착수됨에 따라 달 연착륙 검증선과 달 착륙선을 독자 개발하기 위한 환경이 조성되면서 2025년부터 달 착륙선 개발 사업이 본격화될 것이다.

탑재체의 경우 조만간 우주탐사 로드맵 수립 후 공모를 통해 선정한 다음 2025년부터 별도 사업으로 개발이 추진될 것이다. 이후 2028년 달 착륙선 설계를 완료한다는 계획으로 2031년엔 달 착륙선에 앞서 연착륙 임무를 수행하는 달 연착륙 검증선을 발사하고 2032년 달 표면 탐사 임무까지 수행하는 달 착륙선을 개발할 예정이다.

그동안 동사는 달 탐사 시험용 궤도선 본체 전장품 설계 및 개발(달 탐사 1차 다누리사업), 소형 성능검증위성 개발 등에 참여했다. 이렇듯 동사는 달 탐사 등과 관련된 프로젝트에 참여해 검증을 받았기 때문에 향후 달 탐사 2단계 사업에서 달 착륙선뿐만 아니라 시험용 달 궤도선, 스텝위성(소형위성 개발 사업) 등에 대한 프로젝트 참여 가능성 등이 높아지면서 수주 확대로 이어질 수 있을 것이다.

한편 공공 수요의 위성영상 확보를 목표로 다목적 실용위성(아리랑위성) 개발 사업 등이 진행되고 있다. 현재 초정밀광학 및 적외선 센서를 탑재하는 다목적 실용위성 7호와 다목적 실용위성 7A호를 개발하고 있으며, 2025년에는 다목적 실용위성 7B호 사업 착수가 예상된다.

동사의 경우 다목적 실용위성 6호 탑재체 데이터링크 및 EGSE를 개발했을 뿐만 아니라 다목적 실용위성 7호의 탑재체 기기자료처리장치 개발에 참여했기 때문에 다목적 실용위성 7B호 개발 참여 가능성도 높아지면서 수주 확대로 이어질 것이다.

이와 같이 정부가 우주개발 투자액을 증가하고 있는 환경하에서 향후 여러 프로젝트 참여가 가능해짐에 따라 수주 등이 확대되면서 동사의 밸류에이션이 리레이팅될 것이다.

군정찰 초소형 위성체계, 위성통신 단말기 다양성 등으로 성장성이 부각되다

독자적인 군사정찰 위성 획득을 목표로 하는 425 사업 등이 진행되고 있다. 이와 더불어 초소형 위성체계 사업도 추진되고 있는데, 2022~2030년까지 약 1.4조 원을 투입해 총 44기(SAR 40기, EO/IR 4기)의 초소형 위성(무게 100kg 미만)을 궤도에 올릴 예정이다. 이를 위해 2027년 6월까지 한국항공우주는 K 모델을, 한화시스템은 H 모델을 개발해 이 중 성능과 완성도 등이 더 뛰어난 SAR 양산을 결정할 것이다.

동사의 경우 그동안 군정찰위성인 EO/IR 위성의 탑재체 개발에 참여했을 뿐만 아니라 이러한 초소형 위성체계 사업에서 검증위성

【 AP위성 주가 추이 】

(원)

| 트럼프 1.0 | 바이든 대통령 임기 | 트럼프 2.0 |

자료: 한국거래소

용 AIS(선박자동식별 시스템) 탑재체 등을 개발하고 있어 향후 수주 확대뿐만 아니라 수주의 지속성 등이 높아질 것이다.

한편 동사의 위성통신 단말기의 주요 고객은 THURAYA로 2대의 정지궤도 위성을 이용해 글로벌 각 지역에 이동위성통신 서비스를 제공하고 있는데, 2024년 4분기부터 스마트폰 형태의 신제품 약 1.5만 대를 추가로 공급할 예정이다.

2025년에는 THURAYA향 선박 데이터 전용 위성통신 단말기뿐만 아니라 미국 업체향 군전용 위치정보 생성기 등의 공급이 가시화되면서 성장성 등이 부각될 수 있을 것이다.

한화시스템(272210)

- 방산, 위성통신, ICT, UAM, 디지털 플랫폼 등의 사업 영위
- 뉴스페이스 시대 수혜 가능성 있다.

동사는 방산, 위성통신, ICT, UAM, 디지털 플랫폼 등의 사업을 영위하고 있다. 먼저 방산 부문의 경우 감시정찰, 미래 네트워크 중심전(NCW)을 위한 통합솔루션을 제공하는 지휘통제통신, 항공기 등에 탑재되는 전자장비 및 각종 센서류를 통합하는 항공전자, 국내 유일의 수상함 및 잠수함 전투체계 독자개발 역량을 갖추고 있는 해양시스템, 한반도 지역 및 주변국을 실시간으로 감시할 수 있는 초소형 관측위성체계 및 이에 탑재되는 SAR, EO/IR 등의 위성사업 등을 주요 사업으로 영위하고 있다.

또한 위성통신 부문의 경우 저궤도 위성을 중심으로 위성통신 서비스 등의 사업을 추진하고 있다.

군 정찰위성 SAR, EO/IR 탑재체 및 초소형 SAR 위성 체계·탑재체를 개발하다

동사의 위성사업은 한반도 지역 및 주변국을 준 실시간으로 감시할 수 있는 SAR 체계·탑재체와 함께 중·대형위성 탑재용 EO 탑재

체를 생산하고 있다. 또한 군위성 통신망 내에 망제어기 및 다양한 단말을 공급해 육·해·공군의 합동 작전 효과를 극대화시키고 있다.

현재까지 다목적 실용위성 3A호 IR 센서, 차세대 중형위성 1, 2호 EO 탑재체, 다목적 실용위성 7호, 7A호 EO/IR 탑재체를 개발했을 뿐만 아니라 군 정찰위성 SAR 탑재체 및 EO/IR 탑재체, 초소형 SAR 위성 체계·탑재체를 개발하고 있다.

특히 초소형 위성 분야는 End to End Solution Provider로서 위성개발, 제조, 발사관제 서비스를 아우르는 종합 위성체계 업체를 지향하고 있다.

차별화된 지역별 맞춤형 네트워크로 저궤도 위성통신 사업을 벌일 예정이다

2023년 11월, 동사는 육·해·공군의 기존 전술망과 저궤도 위성통신망을 연동시키는 상용 저궤도 위성 기반 통신체계 사업에 돌입하면서 개발 및 투자 등이 진행중에 있다. 이는 미래 군의 다영역 동시 통합 작전 수행(MDO, Multi-Domain Operations)을 위한 초연결·다계층 네트워크의 초석을 다지면서 저궤도 위성통신 활성화를 위한 것이다.

이러한 사업을 통해 상용 저궤도 위성기반의 군 통신체계가 구축되면 우리 군은 지상망의 지형적 제약을 극복하고, 기동간 대용량 정보를 신속하고 끊김 없이 주고받을 수 있어 군 작전 능력을 급격히 향상시킬 수 있을 것이다.

【 한화시스템 주가 추이 】

자료: 한국거래소

다른 한편으로는 2023년 11월, 유텔셋 원웹과 국내 서비스 개시를 위한 저궤도 위성통신 유통·공급 계약을 체결했다. 이번 계약을 통해 동사는 유텔셋 원웹의 저궤도 통신망을 활용한 초고속 인터넷 공급을 가시화할 것이다.

이러한 유텔셋 원웹의 위성망을 활용해 우주 인터넷 네트워크를 확보하는 상용 저궤도 위성기반 통신체계 사업 참여를 추진중이다. 인터넷 접속이 어려운 격오지와 해상·공중 등에서 위성통신 안테나를 장착해 저궤도 위성으로부터 24시간 안정적인 우주 인터넷 서비스를 받도록 하는 B2B 위성통신 서비스 공급도 준비하고 있다.

또한 동사는 아시아의 지리적·경제적 특성과 통신 인프라 수준을 고려해 기존 통신망 접근이 어려운 지역에 특화된 저궤도 위성통신 서비스를 제공할 예정이다. 즉 대규모 글로벌 네트워크를 지향하는 스페이스X, 아마존 등 경쟁사들이 놓치고 있는 틈새시장을 지향하면서 지역별 맞춤형 네트워크로 차별화된 아시아 전략을 펼칠 것이다.

컨텍(451760)

- 지상국 시스템 엔지니어링 솔루션 및 위성영상 데이터 수신, 처리, 분석 등의 솔루션 서비스 제공업체
- 우주에서 오는 통신을 주고받으면서 성장한다.

동사는 지난 2015년 한국항공우주연구원에서 Spin-off(기술창업) 해 설립된 회사로 지상국 시스템 설계, 구축을 통해 위성영상 데이터 수신, 처리, 분석까지 모든 서비스가 가능한 위성 데이터 All-in-one 통합 솔루션 서비스를 제공하고 있다.

2023년 기준으로 동사의 사업 부문별 매출 구성을 살펴보면 지상국 시스템 엔지니어링 솔루션〈위성(저궤도/정지궤도) 관제 임무를 위한 지상 시스템 개발 및 통합〉 77.9%, GSaaS 네트워크 솔루션(우주지상국을 통해 위성 데이터를 수신하고 고객에게 실시간으로 제공하는 서비스) 6.4%, Value-Added 위성영상 활용 솔루션(표준 위성영상의 분석 및 활용을 통해 위성 데이터의 부가가치를 창출하는 서비스) 6.1%, 위성영상 생성을 위한 데이터 처리 솔루션(수신된 위성 데이터에 대한 전처리로 표준 위성영상으로 가공하는 서비스) 4.2%, 기타 5.4% 등이다.

GSaaS 네트워크 솔루션 서비스의
신규 고객수 확대 가능성이 높아질 전망이다

인공위성이 안보·재난 관측 등 본연의 임무를 수행하기 위해선 지상과 통신을 주고받는 것이 필수이므로, 동사 지상국은 우주와 지구가 교신하는 가교 역할을 한다.

지난 2019년 제주도에 국내 최초로 민간 우주 지상국을 구축했으며 2020년 글로벌 지상국 서비스인 GSaaS(Ground Station as a Service·서비스형 지상국) 네트워크 솔루션 서비스를 시작했다.

이와 같이 2020년 12개의 위성을 서비스하는 것을 시작으로 2021년 40개, 2022년 63개를 거쳐 2024년 10월 기준으로 110개까지 위성수를 확장해 GSaaS 네트워크 솔루션 서비스를 제공하고 있다.

또한 동사는 한국과 말레이시아, 스웨덴, 아일랜드, 남아프리카공화국 등 전 세계 9개 국가에 10개 지상국을 가동하고 있으며, 2025년까지 칠레·카타르·포르투갈 등 3개국에 5개 지상국을 추가로 구축할 계획이다. 다양한 지역에서 초단파(VHF), 극초단파(UHF), S밴

【 컨텍 주가 추이 】

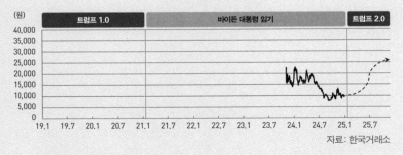

자료: 한국거래소

드(2~4GHz), X밴드(8~12GHz) 등 광범위한 주파수 대역을 지원한다.

이렇듯 지금까지 GSaaS 네트워크 솔루션 서비스를 제공하기 위해 위성수 증가뿐만 아니라 지상국 구축을 확대하는 투자 등이 이루어졌다. 이와 같이 지상국 등을 설치한 이후에는 지상국 유지비용이 크지 않기 때문에 GSaaS 네트워크 솔루션 서비스 고객 수가 확대되면 될수록 수익성이 크게 개선될 수 있을 것이다. 지상국 구축 증가 등으로 GSaaS 네트워크 솔루션 서비스 신규 고객 수 확대 가능성 등이 높아질 수 있을 것이다.

인텔리안테크(189300)

- 위성통신 안테나 전문 제조업체
- 2025년 지상용 위성통신 안테나가 성장을 이끌 전망이다.

동사는 해상용 위성통신 VSAT(Very Small Aperture Terminal) 안테나 제품 시장에서 세계 시장 1위를 차지하고 있다. LEO/MEO 위성통신의 등장으로 인한 시장 구조 변화로 동사는 지상용 및 항공용 위성통신 안테나 시장으로의 진출을 확대하고 있다.

위성통신용 평판형 안테나 시대의 개화기 맞아 가파른 성장세를 구가할 전망이다

Strategic Market Research에 의하면 글로벌 위성통신용 평판형 안테나 시장은 2021년 약 4.67억 달러에서 2030년까지 매년 29% CAGR로 성장해 약 46.6억 달러 규모에 이를 것으로 전망된다. 주로 저궤도 위성통신용으로 초고속 인터넷 서비스 수요뿐만 아니라 자율주행차량, 무인차량, 항공기와 선박에서의 인터넷 수요 등이 시장을 견인할 것으로 예상된다.

저궤도 위성통신용 평판형 안테나의 물량증가 본격화로 2025년 실적 턴어라운드의 기반을 마련하다

2023년 프랑스의 GEO 위성 사업자인 유텔셋이 원웹을 인수해 유텔셋 원웹으로 새롭게 출범함에 따라 향후 GEO-LEO 결합 서비스를 제공할 예정이다. 유텔셋 원웹의 경우 634기의 저궤도 위성군을 구성해 우주 인터넷망을 완성함에 따라 미국, 캐나다, 오스트리아, 이탈리아, 프랑스, 포르투갈을 비롯한 38개국에서 인터넷 서비스를 제공중에 있다. 2025년부터 글로벌 서비스 런칭을 통해 커버리지 지역을 확대할 예정이다.

이러한 유텔셋 원웹의 글로벌 서비스 런칭 등에 맞춰서 2024년 6월부터 동사의 저궤도 위성용 평판형 안테나의 공급이 본격화되었으며 분기를 거듭할수록 관련 매출이 증가할 것으로 예상된다.

무엇보다 그동안 저궤도 위성용 평판형 안테나 등의 신제품군 개발 등으로 경상연구개발비가 증가했으나 이와 같은 저궤도 위성용 평판형 안테나의 매출 상승으로 2025년에는 수익성을 개선시킬 수 있는 기반을 마련할 수 있을 것이다.

다른 한편으로는 중궤도 위성을 이용한 중궤도 위성통신 서비스를 준비하고 있는 SES, 북미 중심으로 저궤도 위성통신 서비스를 준비하고 있는 캐나다 위성통신사 Telesat, 글로벌 저궤도 위성통신사 Iridium 등과도 중/저궤도 안테나 개발계약을 체결하고, 개발 완료된 제품을 공급하고 있어 향후 물량 증가가 예상된다.

특히 Telesat의 경우 2026년까지 298개의 첨단 위성을 발사해 전 세계 통신사를 비롯한 기업들과 정부·군사 시설 고객에게 차세대 위성통신 서비스를 제공하는 것을 목표로 하고 있다. 이에 따라 2024년 10월에 동사는 Telesat과 300억 원 규모 대형 지상 게이트웨이 안테나 개발과 초도 공급 계약을 체결했다.

결국에는 저궤도 위성통신 시장의 본격화로 저궤도 위성용 평판형 안테나 시장 성장이 가속화되는 환경하에서 2025년부터 저궤도 위성용 평판형 안테나 매출상승으로 성장성뿐만 아니라 실적 턴어라운드도 가시화될 것이다.

글로벌 A사의 지상 게이트웨이 안테나 관련 매출이 2025년에 1,000억 원 이상을 기록할 전망이다

2023년 8월, 동사는 글로벌 A사와 306억 원 규모로 지상 게이트웨이 안테나 공급계약을 체결했다. 이는 초도 양산물량 공급에 관한 건으로 2024년에 공급이 완료될 것으로 예상된다.

이에 대한 연장선상에서 2024년 4월과 9월에 동사는 글로벌 A사

【 인텔리안테크 주가 추이 】

트럼프 1.0 / 바이든 대통령 임기 / 트럼프 2.0

(원)

자료: 한국거래소

와 각각 357억 원, 891억 원 규모로 지상 게이트웨이 안테나에 대한 추가 양산물량 공급계약을 체결했다. 이에 따라 글로벌 A사향 지상 게이트웨이 안테나 매출의 경우 2024년 300억 원에서 2025년에는 1,000억 원 이상 증가할 것으로 예상된다.

이와 같이 글로벌 A사와 지상 게이트웨이 안테나 관련 수주의 지속성 등으로 인해 향후 공급물량 확대 가능성 등이 높아지면서 매출 성장성 등이 가속화될 것이다.

에이치브이이엠(295310)

- 고부가가치 첨단금속 제조 전문기업
- 우주 관련 첨단금속 수요 확대로 동사 매출 성장성이 가속화될 전망이다.

동사는 2003년에 설립된 고부가가치 첨단금속 제조 전문기업이다. 기존의 금속보다 더욱 발전된 기술과 공정을 이용해 제작된 고부가가치 첨단금속에는 타이타늄 합금, 니켈 합금, 탄탈룸 합금, 니오븀 합금, 구리합금 등이 있다.

동사는 고순도, 고강도, 극한 환경 내구성 등의 까다로운 품질 요건이 요구되는 첨단금속을 제조할 수 있는 고청정 진공용해 기술, 합금화 공정기술, 금속 특성 제어 기술과 특수 진공용해로를 보유하고 있다. 이렇게 제조한 첨단금속은 우주 발사체, 항공용 터빈엔진, 반도체용 고순도 스퍼터링 타깃, 방산 분야의 글로벌 기업에 공급되어 핵심 소재로 사용되고 있다.

무엇보다 기존에는 반도체·디스플레이·일반 석유화학 제품에 들어가는 소재 위주로 생산했지만 향후에는 우주·항공·방위 산업에 소재를 공급하는 쪽으로 사업 영역을 넓힐 예정이다.

우주 관련 첨단금속 수요 확대로
매출 성장성이 더욱 가속화될 전망이다

고온·고압에 견딜 수 있는 고강도·고내열성 물성을 가진 소재가 필요하기 때문에 우주·항공 장비 부품에는 첨단 금속이 필수적으로 들어간다. 특히 최근 민간 기업들이 우주·항공 산업에 뛰어들면서 첨단 소재에 대한 수요도 늘어나고 있다.

이러한 환경하에서 동사는 2022년 3분기부터 미국 글로벌 민간 로켓 개발 기업에 첨단금속을 공급하기 시작하면서 2022년 매출 비중이 2.9%, 2023년 12.2%, 2024년 상반기 21.4%까지 상승하고 있는 중이다.

이러한 고객사의 위성 발사용 로켓의 발사 수가 증가하면서 첨단금속 수요도 확대될 것으로 예상됨에 따라 동사의 매출 성장성이 가속화될 것이다.

이와 더불어 2024년 상반기에 한국항공우주와 항공·방산용 타이타늄 합금 소재를 공동 개발해 한국항공우주 인증제품목록(QPL)에 등재했으며, 한화에어로스페이스와는 2027년을 목표로 항공기용 엔진 소재를 개발중이다. 이렇게 공동 개발한 소재들은 향후 한국항공우주와 한화에어로스페이스가 추진하는 여러 사업에 적용될 것이다.

다른 한편으로는 2024년 5월, 디스플레이에 들어가는 필수 소재인 파인메탈마스크(FMM)를 국산화했다. FMM은 고해상도 OLED 디스플레이 제조 과정에서 유기 발광 물질 증착에 사용되는 금속판

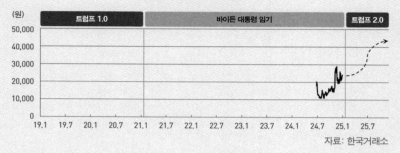

【 에이치브이엠 주가 추이 】

자료: 한국거래소

으로 OLED 제조에 필수적인 부품이다. 현재 국내에서는 전량을 일본 기업인 프로테리얼(Proterial)이 독점 공급하고 있는 구조다.

이러한 환경하에서 향후 동사는 고객사 테스트 등을 통해 본격적인 상용화에 나설 예정이다.

루미르(474170)

- SAR 위성 제조 및 데이터 분석 전문기업
- 순항중인 루미르X의 상업화

동사는 지난 2009년에 설립된 SAR 위성 제조 및 데이터 분석 전문기업이다. 사업 영역은 위성 제조와 위성 서비스, 민수장치로 구분된다.

위성 제조 분야는 인공위성의 다양한 기술과 전장품을 개발·생산하고 있다. 차세대 중형위성 1, 2, 4호에 탑재되는 영상자료처리 장치, 차세대 중형위성 3호에 탑재되는 탑재컴퓨터, 다누리호에 탑재되어 BTS의 영상을 보내온 우주인터넷 통신장치 등의 레퍼런스를 가지고 있다. 위성 서비스는 위성 영상을 활용해 지구관측 영상·정보 서비스를 제공하며, 민수장치 영역에서는 대형 선박 엔진의 능동 연료 제어 밸브에 사용되는 솔레노이드를 제조하고 있다.

자체 개발한 루미르X 상업화가 위성서비스 시장에서 순항중이다

동사는 SAR 위성의 제작부터 영상을 획득하고 가공하는 일까지 모두 제공할 수 있기 때문에 위성 서비스 시장에서 경쟁하기 위해

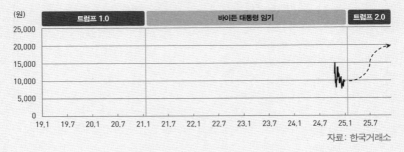

【 루미르 주가 추이 】

| (원) | 트럼프 1.0 | 바이든 대통령 임기 | 트럼프 2.0 |

자료 : 한국거래소

초고해상도 초소형 SAR 위성 루미르X 사업을 전개할 계획이다.

루미르X 사업은 동사가 자체 개발한 초고해상도 초소형 SAR 위성을 2026년 루미르X 1호기 발사를 시작으로 2030년까지 18개의 위성을 순차적으로 지구궤도상에 발사해 군집위성 시스템을 운용할 계획이다.

루미르X의 임무탑재체인 CATIS(Compact Any-Time Imaging System)는 0.3m 초고해상도 X-Band SAR 장치이며, 고도 500km의 지구 저궤도를 돌며 관측하고자 하는 영역에 광대역 RF 신호를 방사하고 반사되는 신호를 수신해 지구관측 데이터를 획득하는 장치다. 이러한 인공위성 시스템에서 획득한 SAR 원시 데이터를 지상국으로 전송하고, 동사가 개발한 SAR 신호처리 소프트웨어인 SARDIP에 의한 SAR 영상 생성 및 부가정보를 산출해 판매할 계획이다.

로켓랩(RKLB-US)

- 소형 위성 발사 서비스 및 우주 시스템 개발 업체
- 시장 규모 확대로 뉴스페이스 시대 발사체 시장에서 성장성이 가속화될 전
  망이다.

　동사는 2006년 뉴질랜드에서 설립되었다가 2013년 미국 정부기관의 미션 수행을 위해 본사를 미 캘리포니아주 롱비치로 옮겼다. 동사의 비즈니스 모델은 소형 위성 발사 서비스와 함께 우주 시스템 개발을 통해 수익을 창출하는 구조이다. 즉 소형 위성 발사 시장에서 일렉트론 로켓을 활용한 발사 서비스를 제공할 뿐만 아니라 위성 플랫폼과 부품 제작을 통해 우주 산업 전반에 걸친 솔루션을 제공한다.

뉴스페이스 시대의 발사체 시장에서
시장 규모 확대로 성장성이 가속화될 전망이다

　동사 주력 발사체인 일렉트론의 경우 바다에 떨어진 1단 로켓을 회수해 다시 사용하기 때문에 부분적으로 재사용이다. 이렇듯 그동안은 회수한 1단에서도 일부 부품만 재사용했는데, 2024년 8월 발사에선 값비싼 엔진을 재활용해 비용 추가 절감에 성공했다.

　또한 동사는 연간 120회의 발사가 가능한 뉴질랜드 마히아반도 발사장을 가지고 있다. 이러한 환경하에서 일렉트론의 발사 성공률

은 93% 수준에 이르고 있다. 무엇보다 NASA와 미우주군은 동사와 장기 계약을 맺고 지속적으로 동사의 발사체를 이용하고 있다. 즉 2021년 미우주군의 국가안보우주발사(NSSL) 프로그램, 2022년 NASA의 캡스톤(CAPSTONE) 미션을 비롯해 매년 미 정부 기관과 크고 작은 발사 프로젝트를 함께하고 있다.

동사는 소형 발사체 시장에서 쌓은 견조한 입지를 바탕으로 2025년 중형 발사체 뉴트론을 선보인다는 계획을 세웠다. 이러한 뉴트론 발사에 성공해야 군집위성 발사 서비스 시장에서 스페이스X와 경쟁할 수 있을 뿐만 아니라 데이터 서비스 기업으로도 성장할 수 있을 것이다.

이러한 환경하에서 2024년 11월, 동사는 민간 군집위성 운영자와 뉴트론 로켓을 2회 사용하는 것에 대한 계약을 체결했다. 이번에 계약한 고객 위성의 첫 발사는 2026년 중순에 있을 예정이며, 로켓은 미국 버지니아에 있는 동사 전용 발사장에서 이륙한다.

뉴트론은 중형급 2단 발사체로, 1단 추진체를 재사용할 수 있도록

【 로켓랩 주가 추이 】

자료: Bloomberg

설계되었다. 또한 액체산소와 메탄을 연료로 사용하고, 지구 저궤도까지 최대 1만 3,000kg의 화물을 올릴 수 있도록 설계되었다.

이처럼 동사는 소형 발사체 시장 입지를 바탕으로 중형 발사체 시장 진입이 예상됨에 따라 시장 규모가 확대되면서 뉴스페이스 시대 발사체 시장에서 성장성 등이 가속화될 것이다.

인튜이티브 머신스(LUNR-US)

- 미국의 우주 탐사 기업
- 우주경제 확장에 따른 달 탐사 및 관련 서비스 수요 증가로 수혜가 예상된다.

동사는 NASA 출신의 CEO인 스티브 알테무스(Steve Altemus)가 2013년에 설립한 미국의 우주 탐사 기업으로 달 탐사와 관련된 서비스를 제공하는 데 주력하고 있다. 2023년 2월, 스팩 합병을 통해 미국 나스닥 시장에 상장했다. 주요 사업 분야는 달 표면 접근 서비스, 궤도 서비스, 달데이터 서비스, 우주 제품 및 인프라 서비스로 구성된다.

우주경제 확장에 따른 달 탐사 및 관련 서비스 수요 증가로 수혜가 예상되다

동사의 비즈니스 모델은 NASA와 같은 정부 기관 및 민간 기업과의 계약을 통해 수익을 창출하는 구조다. 특히 NASA의 민간 달 탑재체 수송 서비스(CLPS) 프로그램의 일환으로 여러 계약을 체결해 달 탐사 임무를 수행하고 있으며, 이를 통해 달 탐사 관련 기술과 서비스를 상업화하고 있다.

동사는 세계 최초로 달 착륙에 성공한 민간 기업으로, 2024년

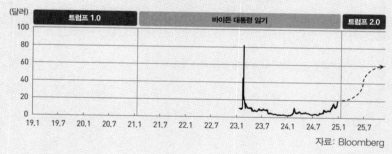

【 인튜이티브 머신스 주가 추이 】

(달러) | 트럼프 1.0 | 바이든 대통령 임기 | 트럼프 2.0

자료: Bloomberg

2월, 스페이스X의 팰컨9을 통해 무인 탐사선 오디세우스를 달에 착륙시켰다. 이를 통해 달 표면 접근, 달 궤도 전달, 달과 지구 간 통신 등 다양한 우주 탐사 솔루션을 제공한다.

또한 2024년 9월, NASA는 근거리 우주 네트워크(NSN, Near Space Network)를 위한 중계 시스템 구축 업체로 동사를 선정했다. 계약 기간은 기본 5년에 선택적으로 5년 더 연장할 수 있으며, 잠재적인 가치는 최대 48억 2천만 달러에 달한다.

동사가 구축하는 위성 중계 시스템은 NASA의 달 남극 지역 탐사와 과학 연구에 필수적인 통신 및 항로(내비게이션) 서비스를 제공할 예정이다.

2024년 3분기 누적 기준 매출액은 1억 7,296만 달러(YoY +254%)를 기록했으며, 2024년 3분기 말 기준 계약 수주 잔고는 3억 1,620만 달러에 달한다. 이렇듯 향후 우주경제 확장에 따른 달 탐사 및 관련 서비스 수요 증가로 수혜가 예상된다.

세틀로직(SATL-US)

- 지구 관측 위성 전문 기업
- 차별화된 강점으로 시장 점유율을 확대중이다.

동사는 지구 관측 위성 전문 기업으로 소형 저궤도 위성을 통해 지구 전역의 고해상도 이미지를 수집하고, 이를 분석해 다양한 산업 분야에 정보를 제공하고 있다. 2022년 1월에 스팩 합병을 통해 나스닥 시장에 상장되었다. 동사의 주요 사업 분야는 초고해상도 위성 이미지 제공, 데이터 분석 서비스, 농업 및 환경 관리 솔루션, 국방 및 안보 관련 데이터 서비스 등으로 구성된다.

저비용 고효율 위성 설계와
대규모 위성 군집 기술이라는 차별화된 강점

자체 개발한 뉴샛(NewSat) 소형 위성 군집을 통해 지구 전역의 이미지를 수집하며, 이를 통해 농업과 에너지, 도시 계획 등 다양한 산업 분야에서 데이터를 활용할 수 있도록 지원한다.

동사의 비즈니스 모델은 주로 구독 기반의 데이터 서비스와 맞춤형 분석 솔루션 제공에 중점을 두고 있다. 고객들은 정기적으로 업데이트되는 위성 이미지를 통해 필요한 정보를 얻을 수 있으며, 이

【 세틀로직 주가 추이 】

(달러) | 트럼프 1.0 | 바이든 대통령 임기 | 트럼프 2.0

자료: Bloomberg

를 통해 효율적인 의사 결정을 내릴 수 있다.

또한 특정 고객의 요구에 맞는 맞춤형 데이터 분석 서비스를 제공해 부가가치를 창출하고 있다.

2024년 3분기 누적 기준 매출액은 5,420만 달러(YoY +36%)를 기록했으며, 2024년 3분기 말 기준 계약 수주 잔고는 1억 2,350만 달러에 달한다.

동사는 저비용 고효율 위성 설계와 대규모 위성 군집 기술이라는 차별화된 강점을 지니고 있다. 이러한 독점 기술을 활용해 농업, 기후 변화, 도시 관리, 국방 등 다양한 분야에서 고객들에게 실시간으로 활용 가능한 데이터 솔루션을 제공하며 시장 점유율을 확대하고 있다.

플래닛랩(PL-US)

- 소형 위성군을 통해 지구 전역의 이미지를 매일 촬영해 다양한 산업 분야에 실시간 데이터를 제공하는 기업
- NATO, NASA, 미국 국방부 및 각국 정부와 계약 체결중에 있어 향후 매출 성장성이 가시화될 전망이다.

동사는 2010년에 설립되었으며, 소형 위성군을 통해 지구 전역의 이미지를 매일 촬영해 다양한 산업 분야에 실시간 데이터를 제공하는 기업이다. 이를 통해 농업, 환경 보호, 도시 계획 등에서 중요한 정보를 지원하고 있다.

동사는 200기 이상의 위성을 운용하며 지구 전역을 매일 촬영하고 있다. 이 가운데 약 150기는 중저해상도 소형 위성인 Doves 모델이며, SkySat 시리즈는 약 20기로 구성되어 있다.

위성 서비스는 구독 방식으로 운영되며 Dove 위성은 일 단위 관측으로 과금하고 Skysat은 시간 단위 과금 방식이다. 맞춤형 분석 솔루션을 통해 고객의 특정 요구에 부합하는 서비스도 제공하고 있다.

NATO, NASA, 미국 국방부 및 각국 정부와 계약 체결중이라 향후 매출 성장성이 가시화될 전망이다

동사의 고객별 비중을 살펴보면 민간 23%, 군 49%, 정부 28%로 대부분 군사 수요인 것을 확인할 수 있을 것이다. 이러한 환경하에서 2024년 8월, NATO와 위성 데이터 공급 계약을 체결했다. 이번 계약은 NATO의 새로운 공간 감시 이니셔티브인 우주로부터의 지속적 감시(APSS, Alliance Persistent Surveillance from Space) 프로그램의 일환으로 추진되었다.

APSS 프로그램은 NATO 회원국들이 보유한 다양한 정부 및 민간 위성 데이터를 하나로 모아, NATO의 통합 클라우드 시스템에서 공유하고 분석할 수 있도록 하는 혁신적인 플랫폼이다. 이번 계약으로 NATO에 제공되는 데이터는 고해상도 군집위성인 SkySat 시리즈가 수집한 것으로, 해상도는 50cm에 이른다. 이러한 영상 데이터를 통해 NATO의 전략적 정보 분석에 크게 기여할 수 있을 것이다. 동사는 NATO와의 협력을 강화하며, 글로벌 안보 분야에서 중요한

【 플래닛랩 주가 추이 】

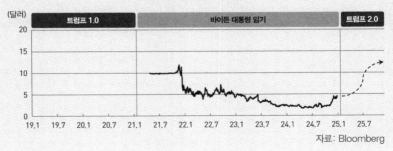

자료: Bloomberg

역할을 맡게 될 전망이다.

　이와 같이 동사는 NATO, NASA, 미국 국방부 및 각국 정부와 계약을 체결중에 있어 향후 매출 성장성 등이 가시화될 것이다.

PART
05

- 신냉전이 더욱 가속화되면서 자주안보 위한 국방비 지출 증가
- 자국 우선주의 때문에 더욱 강화되는 유럽 등 각국의 자주국방 니즈
- 트럼프 2.0 시대의 방산 관련 투자 유망주

테마 4: 글로벌 자주국방 강화 추세가 방산 부흥을 이끈다

신냉전이 더욱 가속화되면서
자주안보 위한 국방비 지출 증가

NATO 안보를 책임지기 위해 국방비 지출이 큰 폭으로 증가할 것이다.
중동 내 전쟁 위기의 상시화·구조화로 지정학적 패러다임의
변화가 예상됨에 따라 자주국방 강화를 위한
중동 국가의 국방비 지출이 증가할 것이다.

제2차 세계대전이 종료된 이후 표면화된 냉전체제는 당시 소련 주도로 동유럽을 비롯해 전 세계 공산화에 나서면서 쿠바 사태 등 세계 곳곳에서 심각한 대결 양상이 나타났다. 이후 1989년 폴란드에서 시작된 반공혁명으로 체코, 불가리아 등 동유럽 일대 공산주의 체제가 몰락했고, 베를린 장벽 붕괴로 이어졌다.

1991년 12월에는 소련(소비에트 연방)도 해체되면서 동서 냉전체제 종식을 가져왔고 전 세계는 양강에서 미국 일강체제로 냉전에서 시장의 세계화로 재편된다.

냉전 이후 지난 30여 년간 이어진 것은 미국이 주도하는 자유시장주의 규칙에 기반한 국제질서였다. 그런데 이 질서가 결정적으로 흔들리기 시작한 시점은 세계 금융위기인 2008년부터다. 이 금융위기는 신자유주의와 세계화 등으로 요약되는 미국식 자본주의 모델에 대한 회의를 전 세계에 확산시켰다.

그 여파 속에서 2017년 1월, 미국에서 도널드 트럼프 정권이 출범했다. 트럼프 대통령은 자유주의적 국제질서를 떠받치는 패권국으로 미국이 부담해온 의무를 저버리고, 권리만을 챙기려 했다. 동맹들과 무역전쟁을 벌이고, 국방비를 더 낼 것을 요구함에 따라 유럽 동맹국들과 불화 등 동맹의 약화를 불러왔다.

특히 2022년 2월, 러시아의 우크라이나 침공은 단순한 지역 분쟁이 아닌, 1990년대 소련 해체 이후 미국이 주도해온 현존 국제질서에 대한 도전이라는 전략적 함의를 담고 있다. 이로 인해 신냉전체제로 나아가는 국제질서의 대변화가 시작된 것이다. 이에 따라 미국과 동맹국 등 민주주의 국가들과 중국 및 러시아 중심 권위주의 국가 간의 이합집산이 구체화될 것이다.

우크라이나 전쟁은 미국과 유럽을 중심으로 하는 서방진영이 우크라이나에 지속적인 무기 공급과 군사훈련 등을 제공하며 러시아와의 대리전 성격이 강한 전쟁을 벌여 나가고 있다.

이에 대해 러시아는 더 이상 미국 중심의 세계에서 벗어나 유라시아 지역 질서 변화와 국제질서의 다극화를 위해 중국을 포함한 이란, 북한 등과 같은 유라시아 국가들과의 협력과 연대를 강화해 나간다는 입장이다.

특히 중국의 경우 2023년 3월, 양회를 통해 세 번째 연임에 성공한 시진핑 주석은 기존 미국 중심의 일극주의에서 벗어나 다자주의 국제질서를 실현하기 위해 적극적인 주도자 역할로 매우 공세적인 대외정책을 펼치기 시작했다. 즉 우크라이나 사태 이후 미국 중심의 국제질서 규범에 대해 중국이 도전하는 성격으로 양상이 흐르고 있다.

　또 다른 측면에서는 시진핑 3기를 맞아 대만에 대한 장악력을 확실히 하려 할 것이다. 미국의 경우 중국과의 직접적 무력충돌까지 바라지는 않지만, 민주주의체제인 대만을 보호한다는 상징성을 감안해 대만해협에 대규모 해공군력을 전개하고 군사훈련을 실시하는 등 중국의 군사적 압박에 맞대응할 가능성이 있다. 이로 인해 대만해협은 더욱 긴장이 고조된 상황에 놓이게 될 수 있다.

　이에 따라 신냉전체제하에서는 경제 및 안보 측면에서 경쟁국들을 거칠게 배척하고, 협력국이라도 국익에 맞지 않으면 과감히 디커플링을 선택할 뿐만 아니라 자국의 체제에 동참하도록 다른 국가들에 강권하게 된다.

　한편 우크라이나 전쟁의 영향으로 세계 국방비 규모와 무기거래가 확대되고 있을 뿐만 아니라 신냉전체제로 인해 민주주의 진영과 권위주의 진영의 충돌과 갈등으로 무기의 블록화가 더욱 심화되어 가고 있다.

NATO 안보를 책임지기 위해
국방비 지출이 큰 폭으로 증가될 듯

NATO(북대서양조약기구)는 구소련을 중심으로 한 동구 사회주의 권의 군사적 위협에 대항하기 위해 창설되었다. 즉 제2차 세계대전 이후 냉전이 형성·공고화되는 과정에서 북대서양 지역 회원국들의 집단 방위(collective defence) 및 자유 민주주의 가치 수호를 목표로 설립된 정치·군사 동맹체다.

냉전 해체 이후 NATO에는 1999년 폴란드, 체코, 헝가리 등 3개 국이, 2004년 불가리아, 에스토니아, 라트비아, 리투아니아, 루마니아, 슬로바키아, 슬로베니아 등 7개국이 가입했다.

이러한 NATO 동진 등 역내 확장정책에 대해 러시아는 자국의 안보에 직접적인 위협으로 간주했으며, 특히 접경 국가이자 지정학적 요충지인 우크라이나의 가입은 절대 용납할 수 없었다. 이러한 러시아의 반발이 동유럽의 지정학적 리스크 등으로 이어지면서 신냉전 조짐이 싹트기 시작했다.

이러한 환경하에서 2013년의 유로마이단(Euromaidan) 시위가 발생하면서 친서방 성향의 우크라이나 정부가 수립된 반면, 크림 지역과 우크라이나 동부 돈바스 지역을 중심으로 축출된 친러시아 정부를 지지하는 시위도 발생했다. 이에 대해 러시아는 크림반도를 신속히 병합하는 한편 돈바스 지역에서는 우크라이나 정부군과 친러시아 반군 간 교전이 본격화되었다.

이러한 갈등 구도하에서 러시아는 NATO 위협으로부터의 안전보장과 돈바스 거주 자국민 보호 등의 명분으로 2022년 2월, 러시아군이 전격적으로 침공하면서 우크라이나 전쟁이 시작되었다.

이에 따라 2022년 6월 29일, 스페인 마드리드에서 열린 NATO 정상회의에서 12년 만에 채택한 새 전략개념으로 러시아와 중국을 각각 가장 중대하고 직접적인 위협과 체제에 대한 도전으로 규정하고 공동 대응을 천명했다. 즉 NATO는 러시아의 강압, 전복, 침략, 병합을 통한 영향권 구축과 직접적 통제에 맞설 뿐만 아니라 중국이 유럽·대서양 안보에 제기하는 체제에 대한 도전에 대응하겠다고 밝혔다.

탈냉전 이후 우크라이나 사태 등 탈세계화로 인해 국가안보 환경이 가장 중대한 전환점을 맞게 되었다. 특히 NATO는 이번 정상회의에 한국과 일본, 호주, 뉴질랜드 등 아시아·태평양 국가 정상들을 초청하는 등 중국과 러시아 견제의 발판을 마련했다.

이렇듯 서구 민주주의 세력과 러시아 및 중국 사이의 긴장 고조는 세계화를 더 후퇴시킬 뿐만 아니라 국방비 지출 증가의 주요 요인이 될 것이다. 대부분의 유럽 국가들의 경우 냉전 종식 이후 수십 년간 국방 예산을 감축해 온 결과 군사 현대화가 미비하고 국방력에 대한 투자가 부족한 점이 우크라이나 전쟁 전부터 문제시되어왔다. 2022년 6월, NATO가 신전략 개념을 채택하면서 본격화된 유럽의 전략적 전환은 유럽 각국이 이러한 새로운 전략 방향을 이행할 물리력, 즉 군사력을 갖춤으로써 실현될 수 있을 것이다.

2022년, 유럽 각국들은 방위 예산의 규모를 대폭 늘리고 무기 도입에 나서는 방위비 증액을 공언했다. 이는 유럽에서 국방력을 향상시켜야 한다는 필요성에 대한 공감대가 우크라이나 전쟁으로 형성되었기 때문이다. 예산 증가분과 신규 도입 무기의 상당 부분이 유럽 국가들의 우크라이나 지원으로 생긴 공백을 채우는 데 사용될 전망이다.

국제적으로 안보 불안이 증가해 유럽 각국은 자국의 가치와 사회를 보호하기 위한 무기 구매 등 방어 역량 확충에 나서고 있다. 이와 같은 대규모 재무장은 시작점에 불과하며, 향후 신냉전체제 돌입으로 국방비 지출 증가세는 지속될 것으로 예상된다.

중동 내 전쟁 위기의 상시화·구조화로 증가할 조짐인 중동국가의 국방비 지출

중동의 경우 지정학적 특수성 등으로 항상 갈등과 위기가 상존하는 지역이다. 즉 중동 1~4차 전쟁, 레바논전쟁, 이란-이라크 전쟁, 걸프전쟁, 시리아내전, 최근의 예멘내전, 이란 및 사우디 패권 다툼, 이스라엘과 이란 간 견제 등, 중동은 언제나 전쟁과 테러의 위협에 그대로 노출되어왔다.

무엇보다 중동 내 이스라엘의 확고한 안보와 군사 충돌 방지를 위한 안전지대 확보 노력과 이란 주도 아래 시아파 저항의 축(하마스, 헤

즈볼라, 예멘, 이라크 민병대)과의 패권 경쟁 및 충돌 등이 격화되고 있다.

이와 같이 이스라엘-이란을 둘러싼 긴장 확대 및 전쟁 장기화에 따른 범아랍권으로의 확전 우려로 국방비 지출이 가파른 상승세에 있다. 이에 따라 전 세계 무기 수입국 상위 10개국 중 4~5개국의 중동 국가가 항시 포진해 있다. 중동 국가의 2023년 기준 국내총생산 (GDP) 대비 국방비 비중은 사우디아라비아 7.1%, 오만 5.4%, 이스라엘 5.3%, UAE 5.3%, 요르단 4.9%, 쿠웨이트 4.9% 등으로 전 세계 평균 2.3% 대비 현저히 높은 수치를 기록하고 있다.

이러한 환경하에서 2016년에 발표된 사우디아라비아 〈비전 2030〉 계획에 따르면, 군 장비 예산에서 사우디아라비아 생산 장비 구입액 비중 증가를 위해 2030년까지 매년 방위비를 평균 5.1%씩 늘릴 예정이다.

〈비전 2030〉 등을 통해 현지 방산 기업에 대한 보다 직접적인 혜택이 포함되도록 방산 거래를 재구성하고 있다. 특히 국방 분야에 대한 투자 유도를 위해 사우디 국부펀드(PIF)는 지상 시스템을 비롯해 항공 시스템, 무기 및 미사일, 전자방위장비 등 4개 사업부를 포함하는 새로운 국영 방산 복합기업인 SAMI(Saudi Arabian Military Industries)를 2017년 5월에 출범시켰다. SAMI는 사우디 내 방위 산업 공급망의 구축과 함께 2030년까지 글로벌 25위의 방산업체를 목표로 하고 있다.

SAMI는 기존 군장비에 대한 유지보수 서비스를 비롯해 군용차량, 항공기 등의 현지 생산을 추진하고 있다. 사우디 정부는 SAMI를 통해 현지 방위 산업 발전을 감독할 예정이며, 2030년까지 약 37억 달러 규모의 GDP기여와 약 4만여 개의 일자리 창출을 목표로 하고 있다.

또한 사우디아라비아의 국방비 지출의 대부분이 육지 국경 수비를 비롯해 테러와의 전쟁, 지역 분쟁에서 핵심 역할을 수행하는 데 할당되며, 사우디아라비아 국경 수비와 이란으로부터 해상 항로 보호를 위한 해군 및 공군력 강화에 대한 투자가 예상된다.

무엇보다 현재 예멘 내전에서 사우디아라비아가 예멘 정부(수니파)를 지원하고 있는데, 이란의 지원을 받고 있는 예멘 후티반군과의 교전상황 등 사우디아라비아를 둘러싼 안보 상황이 급변하는 중이다. 뿐만 아니라 무함마드 빈 살만 왕세자의 개혁정책으로 사우디아라비아 왕실의 정책도 변화하고 있어서 자주국방 강화를 위한 국방비 지출 증가 및 다변화가 예상된다.

한편 UAE 방위산업은 2005년부터 전략의 변화가 뚜렷하게 발생했다. 낮은 수준의 기술이나 노동집약적 사업은 축소하는 대신에 무인항공 체계, 전자기기, 전자전, 야간투시장비, 군 통신 분야 등 첨단 기술 획득에 집중하고 있다.

UAE의 방산 조달 체계는 효율적이고 체계적인 국방력 강화를 위해 설계되었으며, 이를 위해 꾸준히 국방 분야 조직을 개혁하고 있다. 이 체계는 크게 정부 부처(국방부, MOD, The Ministry of Defense of the United Arab Emirates), 기관(Tawazun), 국영 기업(EDGE)의 3각 주체로 이루어진다.

특히 2019년 11월 출범한 EDGE는 플랫폼·시스템, 미사일 개발·제조, 전자전(Electronic Warfare)·사이버 기술, 트레이드·미션지원 등 4개 부문 25여 개 산하기업으로 운영되고 있다. EDGE는 향후 UAE 방위산업의 중심지 역할을 수행할 것으로 예상된다.

UAE는 오랫동안 세계적인 방산 수입국으로 자리 잡아 왔으나, 최근에는 자체 방산제조 역량 개발을 통해 방산 수입 의존도를 낮추기 위해 노력하고 있다. UAE는 업계 선두 주자들과 특히 첨단 무기 분야에서 공동개발을 추진하고, 자국 내 엔지니어링센터와 합작회사를 설립하며 빠르게 방산 분야 내 입지를 확립해가고 있다.

또한 Abu Dhabi Economic Vision 2030, Make it Emirates, Operation 300bn 등 국가 전략을 통해 경제 다변화와 제조업 육성의 일환으로 주요 품목의 자국생산을 독려하고 있다. 이에 따라 UAE 정부는 방산산업 육성을 위해 2024년부터 2028년까지 총 1,293억 달러를 투자할 계획이다.

무엇보다 최근 UAE는 미국 이외 국가로부터의 방산 수입을 확대하고 있는 추세다. 다양한 국가들로부터 방산 장비 및 솔루션을 공급받아, 역내외에서의 정치적 변화와 안보 상황의 변화에 대비하고, 안보 리스크를 분산시키기 위해 공급망의 다변화를 촉진하고 있다.

이렇듯 중동 내 전쟁 위기의 상시화·구조화로 지정학적 패러다임의 변화가 예상됨에 따라 자주국방 강화를 위한 중동국가의 국방비 지출이 지속적으로 증가할 것이다.

자국 우선주의 때문에 더욱 강화되는 유럽 등 각국의 자주국방 니즈

트럼프 2.0 시대에는 미국과 NATO 동맹국과의 관계에도 변화를 가져올 것이다.
트럼프 2.0 시대에는 동맹국과의 안보 협력보다는 자국 우선주의에
기반한 각자도생 정책 등이 글로벌 자주국방 강화 추세로
이어질 가능성이 높아질 수 있다.

1.0 시대와 마찬가지로 트럼프 2.0 시대에는 미국 우선주의 외교 정책과 힘을 통한 평화를 천명하고 있다. 즉 다자보다 양자, 가치보다 이익을 중시하는 '거래적 동맹관'으로 동맹에 방위비 증액 등 더 많은 책임 분담을 요구하고 있다.

미국과 NATO 동맹국과의 관계에도 변화를 가져올 것이다. 즉 미국 우선주의에 입각한 안보 무임승차 불가론을 내세워 NATO 회원국들을 향해 대대적인 방위비 증액 압박에 돌입할 것이다. 이와 함께 미국이 중국 견제에 집중하기 위해 유럽의 방위는 NATO 동맹국들이 적극적으로 책임지라고 압박할 가능성이 크다.

미국의 방위비 분담 압박에 따른
NATO 회원국들의 방위비 증액

———————●———————

NATO의 경우 2014년 웨일즈 정상회담에서 NATO 회원국들은 2024년까지 국내총생산(GDP) 2% 방위비의 지출을 충족시켜야 한다는 방위비 2% 약속에 합의했다. 트럼프 1.0 시대에는 NATO 무용론을 주장하면서 줄곧 방위비 2% 원칙을 요구했었다. 이에 따라 2018년 NATO 정상회의에서는 유럽 동맹국의 저조한 방위비 지출을 이유로 미국의 탈퇴 가능성까지 경고했다. 또한 NATO 2019년 런던 정상회담 당시 트럼프 대통령은 유럽 국가들의 방위비 증액을 압박하면서 정상회담 일정 중 GDP 2%를 충족한 8개국 정상들과만 오찬을 하는 등 동맹에 대한 차등적 대우를 보여주었다.

트럼프 1.0 시대에 이러한 방위비 분담 압박은 싫든 좋든 NATO 회원국들의 방위비 증액으로 이어졌다. 참고로 2014년 방위비 2% 원칙을 이행한 국가는 3개국에 불과했으나 2017년 5개국, 2019년 8개국, 그리고 우크라이나 전쟁을 거치면서 2023년에는 11개국이 목표를 달성했다. 2024년에는 NATO 회원국 32개국 중에서 24개국이 방위비 2% 원칙을 달성할 것으로 전망된다.

이와 같이 2024년 기준 NATO 회원국 32개국의 방위비 지출은 GDP 대비 평균 2.71%로 예상된다. 아직 2%에도 미치지 못하는 나라는 크로아티아, 포르투갈, 이탈리아, 캐나다, 벨기에, 룩셈부르크, 슬로베니아, 스페인 등 8개국이다. 3%를 넘긴 나라는 미국(3.38%)을 제외하면 폴란드(4.12%), 에스토니아(3.43%), 라트비아(3.15%), 그리스(3.08%) 등 4개국뿐이다.

지정학적 리스크가 확대된 국가들의
불가피한 국방비 지출 확대

───────●───────

트럼프 2.0 시대에도 미국 우선주의와 안보 무임승차 불가론 등이 대두될 것으로 예상되는 가운데 트럼프 대통령이 NATO 회원국들을 상대로 국내총생산(GDP) 5%로 방위비 지출 증액을 요구한 것으로 알려지고 있다.

늘 그래왔듯이 이러한 방위비 증액 요구는 추후 유럽과의 통상 협정에서 미국에 유리한 결론을 도출하기 위한 계획의 일환이다. 즉 일단 엄청난 금액을 제시한 이후 NATO 협상 과정에서 조건부로 이를 완화하며 미국에 더 유리한 통상 요건을 요구할 것이다.

이러한 환경에서 2024년 11월 개최된 유럽정치공동체(EPC) 정상회의에 참석한 EU 정상들은 유럽의 안보와 경쟁력 강화를 위한 자강 노력의 필요성에 대해 공감했다. 즉 트럼프 2.0 시대에는 유럽의 이익 수호 의지를 바탕으로 미국에 대한 의존도를 줄이면서 유럽 스스로 안보 자립을 달성하는 유럽 자강론을 강화해야 한다는 것이다.

이에 따라 EU는 공동 예산의 약 3분의 1을 차지하는 결속기금(cohesion fund)의 사용처 제한을 완화하기로 했다. 결속기금은 EU

회원국 간 경제 불균형 완화를 위한 것으로, 2021년부터 2027년까지 모인 기금은 약 3,920억 유로(585조 원)에 이른다.

현행 규정에 따르면 이 예산은 국방 장비 구매나 직접적인 군부 지원에 사용할 수 없게 되어 있다. 그러나 새로운 방침을 통해 무기·탄약 생산 증대, 군사 관련 도로 및 교량 강화, 무인기(드론) 등 무기와 일반 장비의 성격을 동시에 지닌 이른바 이중 용도 제품에 대한 투자 등에 사용할 수 있도록 허용했다. 다만 무기·탄약 등의 직접 구매는 여전히 금지된다.

EU의 이런 정책 변경은 우크라이나전 개전 이래 국방비 지출은 늘려야 하는데, 외국 투자가 줄어 고통을 겪고 있는 동유럽 회원국들에게 수혜가 예상된다. 특히 폴란드는 EU에 방위비 예산을 늘리도록 압박을 강화해왔다.

트럼프 2.0 시대에는 유럽 병력·무기의 배치를 줄이고, 유럽이 러시아 등으로부터 위협받아도 군사적 지원을 하지 않을 가능성이 제기되자 EU도 자체적인 방위 능력을 키우기 위한 준비에 들어간 것이다. 트럼프 2.0 시대에는 동맹국과의 안보 협력보다는 자국 우선주의에 기반한 각자도생 정책 등이 글로벌 자주국방 강화 추세로 이어질 가능성이 높아질 수 있다. 이에 따라 유럽 등 지정학적 리스크가 확대된 국가들은 자체적인 방어 시스템을 구축하기 위해 국방비 지출 확대가 불가피할 것으로 예상된다.

트럼프 2.0 시대의
방산 관련 투자 유망주

현대로템

LIG넥스원

한국항공우주

SNT다이내믹스

STX엔진

아이쓰리시스템

비츠로셀

엠앤씨솔루션

라인메탈(RHM)

RTX(RTX)

현대로템(064350)

- 디펜스솔루션(방산), 레일솔루션(철도), 에코플랜트(플랜트) 등의 사업 영위
- 폴란드, 루마니아 등 수주가 몰려온다.

동사는 1999년 설립되어 디펜스솔루션(방산), 레일솔루션(철도), 에코플랜트(플랜트) 등의 사업을 영위하고 있다.

디펜스솔루션은 K계열 전차와 차륜형 장갑차 양산, 창정비 사업 등을, 레일솔루션은 철도 차량 제작, E&M(Electrical & Mechanical) 및 O&M(Operation & Maintenance) 등을, 에코플랜트는 제철설비와 완성차 생산설비, 스마트팩토리 및 수소인프라 설비 등의 사업을 각각 담당하고 있다.

K2 전차 폴란드 2-1차 수주가 예상되며 2-2차, 2-3차 등 수주 모멘텀이 지속될 전망이다

동사는 2022년, 폴란드에 K2 전차 1,000대를 납품한다는 기본 계약을 맺었고, 이 가운데 180대에 대해서만 4.5조 원 규모로 실행 계약을 체결했다. 나머지 820대에 대한 구체적인 납품 계약은 이루어지지 않았으나 최근 추가 납품에 대한 구체적인 계약 협상이 진행되고 있어 K2 전차 수출 2-1차 실행 계약이 체결될 것으로 예상된다.

【 현대로템 주가 추이 】

(원)
| 트럼프 1.0 | 바이든 대통령 임기 | 트럼프 2.0 |

120,000
100,000
80,000
60,000
40,000
20,000
0

19.1 19.7 20.1 20.7 21.1 21.7 22.1 22.7 23.1 23.7 24.1 24.7 25.1 25.7

자료: 한국거래소

이러한 2-1차 실행 계약에서는 K2 전차 180대와 함께 계열전차(교량전차, 구난전차, 공병전차 등) 81대가 포함되어 체결할 가능성이 높다.

K2PL 물량이 일부 포함되어 있어서 옵션이 추가될 뿐만 아니라 그중에서 일부 대수에 대해서는 동사로부터 일부 라이선스를 받아 일부 부품 및 공정에 대해 폴란드 현지에서 조립 공정을 할 수 있게 될 것이다. 이에 따라 2-1차 수주 규모의 경우 1차 수주 규모인 4.5조 원을 상회할 것으로 예상된다.

무엇보다 향후 2-2차, 2-3차 등에 대한 수주가 지속될 것으로 예상될 뿐만 아니라 계약 차수가 높아질수록 폴란드 현지 생산 공정 부분이 커질 것이다.

루마니아 K2 전차 수주의 가시화
⇒ 수출 지역 확대로 밸류에이션이 리레이팅될 전망이다

루마니아에서는 1980년대부터 생산되어 노후화된 TR-85 비조눌을 대체하기 위해 250~300대의 전차 도입을 추진중에 있다. 이에 대해 2024년 5월, 루마니아 현지에서 K2 전차 사격 및 기동 시범 행사를 진행했는데, 높은 정확성과 강력한 화력, 신속한 재장전 능력 측면에서 행사는 성공리에 마무리되었다.

무엇보다 K2 전차의 가격과 납기 경쟁력 등을 고려할 때 루마니아로부터의 수주 가능성이 높아지면서 두 번에 걸쳐서 수주가 이루어질 것으로 예상된다. 첫 번째 계약은 총 도입 물량 중 일부 대수에 대해 단답기로 수주가 이루어질 것으로 예상되며, 나머지 물량에 대한 두 번째 계약에서는 직접 수출과 함께 일부 부품 및 공정에 대해 현지에서 조립 공정을 할 수도 있을 것이다.

이와 같이 루마니아 수주 등이 가시화되면 수출 지역 확대로 인해 밸류에이션이 리레이팅되면서 동사 주가 상승의 모멘텀으로 작용할 수 있을 것이다.

LIG넥스원(079550)

- 정밀타격, 감시정찰, 항공전자/전자전, 지휘통제/통신 등 표적탐지에서 타격
  까지 Total Defense Solution 제공
- 정밀유도 무기 등 수출 성장 사이클 진입

동사는 1998년에 설립되어 정밀타격을 비롯해 감시정찰, 항공전자/전자전, 지휘통제/통신 등 표적탐지에서 타격까지 Total Defense Solution을 제공하고 있다.

먼저 정밀타격 무기의 경우 대표적으로 중·저고도로 침투해오는 공중의 적과 탄도탄에 대응하는 천궁-Ⅱ를 비롯해 대함유도탄과 항공기를 요격하는 해궁, 보병용 중거리 유도무기 현궁, 해안 방어용 2.75인치 유도로켓 비궁 등이 있다.

감시정찰의 경우 항공기·유도탄·소형 무인기 등을 탐지할 수 있는 국지방공 레이더, 장사정포에 대한 대화력전 핵심 전력인 대포병 탐지 레이더 등 레이더 체계도 겸비하고 있다. 항공전자/전자전의 경우 항공전자, 함정용/항공기용 전자전, 육군용 전자전 등 각종 전자전 체계 제품을 포함하고 있다. 지휘통제/통신의 경우 통신단말, 지상/함정 전투체계, Data Link 망관리, 상호운용성 등의 제품을 포함하고 있으며, 통신단말기, 무전기, 전투체계 등을 개발 및 생산한다.

정밀유도 무기의 중요성 등이 부각되는 환경에서
수출 확대 가능성이 증대될 전망이다

러시아의 우크라이나 침공에 따른 지정학적 리스크가 높아지는 등 국제 정세 영향으로 무기에 대한 수요가 늘어나고 있다. 이러한 환경하에서 유도무기 분야 내 트렌드는 장사거리 무기와 첨단유도무기에 대한 방어체계에 집중되고 있다. 이에 따라 차량, 함정, 항공기 탑재가 가능하고, 지상, 해상, 공중의 다양한 표적에 대한 정밀타격이 가능한 유도무기가 요구된다.

이렇듯 방어체제 관점에서 정밀유도 무기의 중요성 등이 부각되고 있는 환경하에서 동사의 경우 천궁-Ⅱ뿐만 아니라 대함유도탄과 항공기를 요격하는 해궁, 보병용 중거리 유도무기 현궁, 해안 방어용 2.75인치 유도로켓 비궁 등 정밀 타격이 가능한 무기 등을 보유하고 있어서 향후 수출 확대 가능성 등이 증대될 수 있을 것이다.

이러한 환경하에서 2022년 UAE와 3.7조 원, 2024년 2월과 9월, 각각 사우디아라비아와 4.25조 원, 이라크와 3.7조 원 규모로 천궁-Ⅱ 공급 계약을 맺었다. 천궁-Ⅱ는 탄도탄이나 항공기 공격에 동시 대응하기 위해 개발된 중거리·중고도 지대공 요격체계로 한국형 미사일방어체계(KAMD)의 핵심 자산 중 하나다.

다른 한편으로는 해안 방어용 2.75인치 유도로켓 비궁이 2020년 4월, 국내 개발 유도 무기 중 최초로 미국의 해외비교시험(FCT, Foreign Comparative Testing) 대상 무기로 지정된 이래 5년간의 평가에서 100% 명중률을 기록하며 시험을 통과했다. FCT는 미국이 자

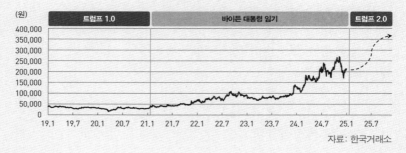

【 LIG넥스원 주가 추이 】

자료: 한국거래소

국에서 생산하지 않는 동맹국의 우수한 국방 장비와 기술을 시험·평가해 미군의 주력 무기체계 개발·도입에 필요한 핵심 기술이나 플랫폼을 확보하는 프로그램이다.

미국에서는 2025년 유·무인 전력이 복합된 유령함대를 운영할 예정이어서 무인수상정에 탑재할 수 있는 비궁의 발사체계 구매를 검토중이다. 동사가 미국에 판매하려는 비궁 발사체계는 무인수상정에 장착해 접고 펴는 스토우(Stow) 모드로 기존 고정형 대비 성능이 개량된 모델이다. 미국 시장 진출을 위해 기존과 다른 접이식 형태로 만들고 스텔스 기능이 더해졌다.

이에 따라 2025년 비궁 등에 대한 미국 수출 가능성 등이 높아질 수 있다. 이러한 미국 수출이 가시화되면 미국의 동맹국은 물론 전 세계에서 비궁에 대한 수요도 증가할 것으로 예상된다. 무엇보다 세계 최강국인 미국에 완제품을 수출했다는 레퍼런스 차원에서 수출이 한 단계 레벨업될 수 있는 기반을 마련할 수 있을 것이다.

수주 잔고의 50% 이상이 해외 비중이라
향후 매출 성장의 기반이 마련될 수 있다

동사의 연도 말 기준 수주 잔고를 살펴보면 2018년 5조 6,507억 원, 2019년 6조 1,844억 원, 2020년 7조 3,033억 원, 2021년 8조 3,073억 원, 2022년 12조 2,651억 원, 2023년 19조 5,934억 원 등으로 지속적으로 증가하고 있다. 2023년 9월 말 기준 수주 잔고는 18조 3,904억 원에 이른다.

2023년 말 기준 수주 잔고의 50% 이상을 수출이 차지하고 있기 때문에 안정적인 국내 수주뿐만 아니라 해외 수주가 빠르게 증가하고 있다. 이와 같은 해외 신규 수주의 증가로 2025년부터 매출 성장성 등이 가속화될 수 있을 뿐만 아니라 수익성 개선도 수반될 수 있을 것이다.

한국항공우주(047810)

- 항공기, 우주선, 위성체, 발사체 및 동 부품에 대한 설계, 제조, 판매, 정비 등
  의 사업을 영위
- FA-50, 수리온, KF-21 등 수출 성장 사이클 진입

동사는 1991년에 설립되어 항공기, 우주선, 위성체, 발사체 및 동 부품에 대한 설계, 제조, 판매, 정비 등의 사업을 영위하고 있다.

주요 제품으로는 T-50 고등훈련기, 수리온 기동헬기, 송골매 무인기, KT-1 기본훈련기 등이 있으며, 현재는 KF-21(한국형 전투기)과 LAH/LCH(소형무장/민수헬기) 개발 및 생산에 박차를 가하고 있다.

이와 더불어 국내 최초로 민간기업이 주관하는 차세대 중형위성, 국방위성 개발사업으로 진출했으며, 2014년부터는 한국형발사체 체계 총조립을 수행하고, 핵심 구성품인 1단 추진제 탱크를 제작하는 등 우주사업 전반의 기술 역량을 확장해나가고 있다.

FA-50, 수리온이
수출 성장 사이클에 진입할 듯

동사의 다목적 전투기 FA-50이 수출 확대를 견인하고 있다. FA-50은 2013년 필리핀 수출을 시작으로 2022년에는 폴란드에

FA-50 48대 수출 계약을 맺은 뒤 2023에는 말레이시아와 약 1.2조 원 규모로 FA-50 18대 공급 계약을 체결했다.

이와 같이 폴란드향 수주로 NATO 시장에 진입했으며, 말레이시아 수출로 인해 인도네시아, 필리핀, 태국 등 동남아 4개국 수출에 모두 성공함에 따라 이를 기반으로 동남아국가연합(ASEAN) 협력체계가 강화될 것이다.

FA-50의 수출을 위해 필리핀, 우즈벡, 슬로베키아, 이집트, 페루, 루마니아, 칠레 등과 논의중에 있으므로 향후 다양한 지역에서 수주가 가시화될 것이다.

무엇보다 미국 해군 훈련기 노후화·가동률 급락 및 전술훈련 비용 급증으로 인한 신규 사업의 일환으로 미국 해군의 신규 훈련기(UJTS) 및 전술대체 항공기(TSA) 사업 등과 함께 미국 공군의 고등 전술훈련기(ATT) 사업 등 500여 대 이상 규모로 향후 기종 선정이 이루어질 것이다.

이에 대해 동사는 록히드마틴과의 컨소시엄을 통해 개발중인 FA-50 경공격기의 개량형 TF-50을 앞세워 이러한 미국 사업에 도전하고 있다. 향후 미국 수출에 성공할 경우 수출길이 전 세계적으로 더 넓어질 것으로 전망된다.

다른 한편으로 동사는 2024년 12월, 이라크 정부와 1,358억 원 규모로 수리온(KUH) 2대 납품 계약을 체결함에 따라 첫 수출이 이루어졌다. 수리온은 육군 기동헬기로 처음 개발된 이후 상륙 기동, 의무 후송, 해경, 소방, 산림 등 10여 개 기종으로 진화하며 신뢰성과

【 한국항공우주 주가 추이 】

(원)

| 트럼프 1.0 | 바이든 대통령 임기 | 트럼프 2.0 |

자료: 한국거래소

임무 능력을 검증받았다. 현재 300여 대의 수리온이 국내에서 군·관용 헬기로 운용되고 있으며, 오는 2026년에는 상륙 공격헬기와 소해헬기 등 공격, 기뢰 탐색 등의 특수임무를 수행할 수 있는 기종이 추가로 개발될 예정이다.

특히 수리온에서 무인기를 조종·통제하고 영상정보를 실시간 획득하는 등 수리온 기반의 유무인 복합체계 기술을 확보해 고도화하고 있다. 이라크 수출을 시작으로 중동과 동남아 등 수출 대상국을 다변화하면서 수리온 계통의 다양한 파생형 헬기 수출 등이 가시화될 전망이다.

KF-21 양산을 넘어 수출 확대 가능성이 높아질 전망이다

한국형 초음속 전투기 KF-21의 경우 최초 양산 20대에 대해 2024년 6월에 1.96조 원 규모로 계약을 체결했으며, 2025년 공대공 검증시험 후 추가 20대 양산 계약을 체결할 예정이다.

현재 계획중인 KF-21 양산 물량은 120대로서 2026년부터 2028년까지 초도 양산 물량 40대, 이후 2032년까지 80대가 군에 추가 납품된다.

KF-21이 가장 주목받는 이유 중 하나는 4.5세대 전투기지만 5세대급 스텔스기에 준하는 성능도 가지고 있어서 향후 수출 확대에 긍정적인 영향을 미칠 것이다. 여기에 더해 FA-50 도입국에 KF-21도 공급할 수 있는 가능성이 높아지면서 향후 수출 확대의 성장성이 가속화될 것이다.

SNT다이내믹스(003570)

- 방산 제품, 상용차용 부품, 금속가공용 공작기계 등 운수장비 및 기계사업 영위
- K2 전차 및 K9 자주포에 힘입어 실적 개선 가속화

동사는 지난 1959년에 예화산탄공기총제작소(통일산업주식회사)로 설립되어 방산 제품을 비롯해, 상용차용 부품, 금속가공용 공작기계 등 운수장비 및 기계사업을 영위하고 있다.

방산 제품의 경우 자동변속기 및 화력장비 등을 생산해 방위사업청, 한화에어로스페이스 등에 공급하고 있다.

상용차용 부품의 경우 차량용 차축, 변속기, 오일펌프커버, 브레이크 캘리퍼 바디, 모터 등을 생산해 다임러트럭, 타타대우상용차, KG모빌리티, 현대모비스 등에 공급하고 있다. 또한 금속가공용 공작기계의 경우 기어가공기, 중대형 수직선반 등을 주로 생산한다.

다른 한편으로 동사는 120mm 자주박격포 체계, 소형무장헬기(LAH)용 기관총, 81mm 박격포, 30mm 차륜형 대공포 등의 무기체계 전력화에 대응하고 있으며, 사업포트폴리오의 다변화를 위해 전기 구동장치, 하이브리드 구동장치 등 전동화 제품의 개발 및 차기 무기체계 개발을 진행하고 있다.

> **동사 변속기가 K2 전차 4차 양산에 적용되어**
> **향후 폴란드, 루마니아 등의 수출 물량에도 적용될 예정이다**

K2 전차 사업의 경우 1차 100대, 2차 106대, 3차 54대의 K2 전차가 생산 완료되었으며, 2024~2028년 사이에 약 1조 9,400억 원을 투입해 K2 전차 150여 대를 추가로 생산하는 4차 양산사업이 2025년부터 본격화될 것이다.

이러한 K2 전차 2·3차 양산에서는 국산 엔진에 독일 RENK사 변속기를 결합한 파워팩을 적용했다. 그러나 2024년 10월, 방위사업청은 방위사업추진위원회 회의를 열고 K2 전차 4차 양산부터는 동사의 1,500마력 변속기 적용을 심의·의결했다. 이에 따라 향후 수주가 예상되는 현대로템의 폴란드향, 루마니아향 등 수출물량에도 적용될 것으로 예상된다.

현대로템의 경우 지난 2022년 폴란드에 K2 전차 1,000대를 납품한다는 기본 계약을 맺었고, 이 가운데 180대에 대해 4.5조 규모로 실행 계약만 체결하고 나머지 820대에 대한 구체적인 납품 계약은 이루어지지 않았다. 최근 추가 납품 실행에 대한 구체적인 계약 협상이 진행되고 있어서 향후 K2 전차 수출 2-1차 실행 계약을 체결할 것으로 예상된다. 무엇보다 향후 2-2차, 2-3차 등에 대한 수주 등도 지속될 것으로 예상된다.

다른 한편으로는 루마니아의 경우 1980년대부터 생산되어 노후화된 TR-85 비조눌을 대체하기 위해 250~300대의 전차 도입을 추진중에 있다. K2 전차의 가격과 납기 경쟁력 등을 고려할 때 루마니

【 SNT다이내믹스 주가 추이 】

(원)

| 트럼프 1.0 | 바이든 대통령 임기 | 트럼프 2.0 |

자료: 한국거래소

아로부터의 수주 가능성이 높아지면서 두 번에 걸쳐서 수주가 이루어질 것으로 예상된다.

이와 같이 동사 변속기가 K2 전차 4차 양산에 적용됨에 따라 향후 수주가 예상되는 현대로템의 폴란드향, 루마니아향 등 수출 물량에도 적용되면서 매출 성장으로 수익성 개선이 가속화될 것이다. 무엇보다 K2 전차의 중동수출 등도 더 탄력을 받으면서 첨병 역할을 할 것으로 예상된다.

한편 한화에어로스페이스의 폴란드향, 이집트향 K9 자주포와 관련된 물량뿐만 아니라 K2 전차 4차 양산 물량도 가세됨에 따라 매출 증가로 실적 개선이 본격화될 것이다. 무엇보다 향후 방산 관련 수주의 지속성을 기반으로 실적도 지속적으로 개선될 것이다.

STX엔진(077970)

- 방산용/선박용/발전용 디젤엔진 및 방산용 전자통신장비 전문 제조업체
- 민수 및 특수사업 실적 개선이 본궤도에 진입

동사는 방산용/선박용/발전용 디젤엔진 및 방산용 전자통신장비 전문 제조업체다. 1976년 쌍용중기로 시작해 1980년 쌍용중공업으로 상호 변경, 2001년 쌍용그룹으로부터 계열 분리되면서 STX로 개칭되었고, 2004년 기존 STX를 지주회사로 두고 디젤엔진 등 사업 부문을 분할해 현재의 STX엔진으로 상호가 변경되었다. 2014년 이후 STX그룹으로부터 계열 분리되면서 최대주주가 한국산업은행이 되었으며, 2018년에 현재 최대주주인 유암코PF가 인수했다.

동사는 민수(조선소와 발전소 등에 선박용 및 발전기용 디젤엔진), 특수(육군과 해군 등에 육상용 및 해상용 방산엔진), 전자통신(방산용 전자통신장비) 등 3개 사업 부문으로 구성되어 있다.

중국의 선박 수주 증가로 인해 중국향 매출이 확대되면서 민수사업 부문 실적 개선에 기여할 전망이다

2024년 전세계 선박 수주의 경우 전년 동기 4,920만 CGT(2,320척) 대비 34% 증가한 6,581만 CGT(2,412척)를 기록했다.

국가별로는 중국이 전년 동기 대비 58% 증가한 4,645만 CGT (1,711척·70%)를 수주하면서 선두를 달렸고, 한국이 전년 동기 대비 9% 증가한 1,098만 CGT(250척·17%), 일본 등 기타 지역이 838만 CGT(451척·13%)로 뒤를 이었다.

2024년말 기준 전 세계 수주 잔량은 1억 5,717만 CGT다. 국가별로는 중국이 9,078만 CGT(58%)로 가장 높은 비중을 차지했고, 한국은 3,787만 CGT(24%)로 뒤를 이었다.

이와 같이 중국의 선박 수주 증가로 인해 동사의 중국향 매출이 보다 더 확대될 수 있는 환경이 조성되었다. 이는 곧 올해 민수사업 부문 실적 개선으로 이어질 것이다.

이집트향 K9 자주포 국산 엔진
2025년부터 공급이 본격화되면서 실적개선이 가속화될 전망이다

그동안 K9 자주포 엔진의 경우 독일 MTU사의 라이선스를 활용해 동사가 국내에서 생산한 MT881 엔진을 탑재했다. 그러나 지난 2020년 UAE와의 K9 자주포 수출 협상이 계약 성사 직전 독일의 대(對) 중동 무기 금수 조치로 무산되자 이를 계기로 2021년 4월, 정부에서는 동사를 K9 자주포 엔진 국산화 업체로 선정하면서 본격적인 개발에 들어갔다.

목표한 시기보다 1년 빨리 동사는 K9 자주포용 1,000마력급 엔진 개발을 완료함에 따라 지난해 9월, K9 자주포 국산 1호 엔진 출고식이 있었다.

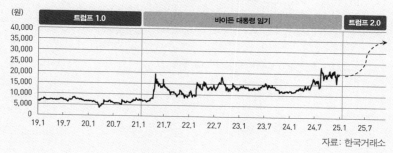

【 STX엔진 주가 추이 】

(원)

| 트럼프 1.0 | 바이든 대통령 임기 | 트럼프 2.0 |

자료: 한국거래소

    다른 한편으로는 지난 2022년 2월, 한화에어로스페이스가 이집트향으로 K9 자주포 등에 대해 2조 원 규모로 공급계약을 체결했다. 이에 따라 2024년 1월, 동사는 한화에어로스페이스와 1,285억원 규모로 이집트 수출사업 엔진조립체 물품 공급계약을 체결했다.

    이러한 이집트향 K9 자주포 수출에 동사의 국산 엔진이 탑재하기 위해 2024년 상반기부터 이집트 현지에서 엔진 내구도 시험 평가를 진행해 마무리함에 따라 동사는 이집트향 K9 자주포 국산 엔진을 지난해 11월부터 양산에 들어갔다.

    이에 따라 올해부터 K9 자주포 국산 엔진 공급이 본격화되면서 실적 개선이 가속화될 것으로 예상된다.

    이렇듯 국산 엔진이 K9 자주포 중동수출 첨병역할을 하면서 동사 수주 등이 향후 레벨업될 수 있는 계기가 마련될 수 있을 것이다.

아이쓰리시스템(214430)

- 국내 유일의 군수용 적외선 영상센서 개발 및 양산공급 업체
- 방산 및 우주 등에서 적외선 활용 증대 수혜

동사는 지난 1998년 설립된 적외선 영상센서 전문기업이다. 적외선 영상센서의 경우 전 세계 6개국 10여 개 업체만이 기술을 갖고 있으며 수출입 통제가 되는 전략물자로 지정되어 있다.

동사의 핵심 제품인 적외선 영상센서의 경우 야간이나 연막, 악천후 등 육안으로 확인하기 어려운 열악한 환경에서도 영상 및 온도 정보 획득이 가능하다. 이에 따라 주로 군사용으로 감시장비, 탐색추적장비(유도무기) 등에 적용되어 야간 전투 및 정밀 타격 등 군사력 증강을 위한 목적으로 사용되고 있다. 특히 동사는 국내 유일의 군수용 적외선 영상센서 개발 및 양산공급 가능업체로서 군의 전력화 수요에 대응하고 있다.

적외선 영상센서의 수요 확대 및
해외 매출 증가로 실적 개선이 가속화될 전망이다

방산 부문의 경우 K1 전차 성능개량 사업(K1E1)에서 성능이 개량된 포수조준경과 함께 K2 전차 폴란드향 수출의 경우에도 포수조준

경에 필요한 적외선 영상센서 등을 공급하고 있다. 향후 매출 상승을 이끌 것으로 예상된다. 한국형 소형 무장 헬기(LAH) 조준경 등에도 동사의 적외선 영상센서 공급 등이 가시화될 것으로 예상된다.

무엇보다 병력 자원이 줄어드는 상황하에서 개인 전투력 증강이 더욱 중요해짐에 따라 경기관총뿐만 아니라 향후 소총 등 각종 총기류에 순차적으로 적외선 영상센서 등이 장착되면서 동사의 수혜가 예상된다. 이와 같이 방산 부문에서 적외선 영상센서의 활용 증가 및 국산화 등으로 수요가 확대되면서 해를 거듭할수록 동사 매출 증가로 이어져 실적 개선이 가속화될 것으로 전망된다.

한편 동사 해외 매출의 경우 2019년 103억 원, 2020년 222억 원, 2021년 244억 원, 2022년 351억 원, 2023년 573억 원, 2024년 3Q(누적) 453억 원으로 증가중에 있다. 이는 적외선 영상센서 기술을 보유한 업체 등이 한정되어 있는 상황하에서 적외선 영상센서 등의 활용 범위가 넓어짐에 따라 동남아, 중동, 유럽 등 독자적인 매출처가 늘어나면서 동사의 해외 매출이 증가하고 있기 때문이다.

이와 같은 매출처 다변화로 해외매출 증가세가 지속되면서 향후 실적 개선세가 이어질 것으로 예상된다.

우주 위성 분야의 프로젝트 증가로 인한 적외선 영상센서 관련 수요 확대로 수혜가 전망되다

우주 위성 분야에서 동사는 위성의 관측, 즉 위성의 눈에 해당하는 우주 광학카메라 관련 분야 등에 참여하고 있다.

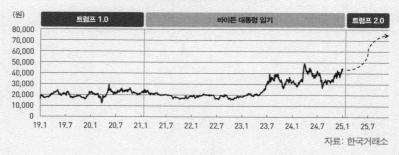

【 아이쓰리시스템 주가 추이 】

트럼프 1.0 　　　 바이든 대통령 임기 　　　 트럼프 2.0

자료: 한국거래소

　　우주 위성 분야와 관련된 수주 등을 살펴보면 실용위성 7A호 전
자광학 탑재체 초점면유닛(FPU, 반사경에서 들어온 빛을 전자신호로 변환
해 처리하는 장치) 개발, 차세대 군정찰위성을 위한 우주인증급 중적외
선(MWIR) TDI(Time Delay Intergration) 기술 개발〈기존 군정찰위성에 사
용된 것과 동일한 중적외선(MWIR) TDI 방식 적외선 검출기로 기존 해외도입품
대비 향상된 고해상도 성능을 확보할 수 있게 됨〉, 지상 열정보 획득을 위한
우주인증급 정찰위성용 원적외선(LWIR) TDI 검출기 기술〈야간 구분
없이 물체의 순수한 열 정보 획득 및 관찰에 보다 용이한 원적외선(LWIR) TDI 방
식 적외선 검출기 기술의 확보를 통해 보다 발전된 군정찰위성의 개발이 가능해
짐〉 등이 있다.

　　향후 우주개발 관련 프로젝트 등이 증가하면서 적외선 영상센서
등에 대한 수요는 확대될 것으로 예상됨에 따라 동사의 수혜가 가능
할 것이다.

비츠로셀(082920)

- 리튬일차전지 전문 제조업체
- 트럼프 2.0 시대 방산수출 및 시추수요 확대로 성장세 지속

동사는 지난 1987년에 설립된 리튬일차전지 전문 제조업체다. 리튬일차전지의 경우 충전은 안 되는 대신 에너지 밀도가 높을 뿐만 아니라 방전율이 연간 1% 수준이라 수명이 10년 안팎으로 길고 −55℃~+85℃라는 극한 환경에서도 정상적으로 작동할 정도로 성능이 좋다.

이에 따라 리튬일차전지는 장기간 교체 없이 사용한다는 측면에서 스마트그리드 산업의 핵심인 스마트 미터기(전기, 가스, 수도) 전원, 컨테이너/자동차 추적 등에 사용하는 능동형 RFID 태그 전원, 메모리 백업용 전자기기 전원, IoT/AI 기기 전원 등에 활용된다.

가혹한 환경(온도, 장기저장 후 사용) 측면에서도 군용 장비(무전기, 전자식포탄, 유도무기 등) 전원, Pipeline Inspection Gauge(PIG) 전원, 석유/가스 시추 모니터링 전원(MWD, Measurement While Drilling), 휴대용 의료장비〈심장제세동기(AED), 인슐린 펌프 등〉 전원, 해양장비(부표, 구호장비) 전원 등에 활용된다.

리튬일차전지의 경우 세계 1위 업체인 SAFT(프랑스)가 2000년

2위 업체인 Tadiran(이스라엘)을 자회사로 인수함으로써 약 50%의 시장점유율을 보이며 독보적인 시장점유율 1위를 보이고 있다. 2위 그룹으로는 Electrochem(미국), Hitachi Maxell(일본), Toshiba(일본), 비츠로셀 등이 있다.

방산수출 증가로 인해
앰플·열 전지 매출 성장세가 지속될 전망이다

군수용의 경우 군 무기 체계의 지능화, 현대화(전자식)에 따라서 앰플전지(Ampoule Battery), 열전지(Thermal Battery) 등의 사용량이 증가하고 있다. 즉 무기들이 과거에는 충격식으로 떨어지면 터지는 방식이었는데, 지금은 전자식 신관으로 바뀌고 있는 추세다. 유도무기 같은 것에 전지를 장착해서 터지는 시기 등을 컨트롤 할 수 있게 된 것이다.

이에 따라 동사는 무전기 관련 전지뿐만 아니라 미사일, 포 등 정밀 타격용 유도무기까지 영역을 넓히면서 성장세를 보이고 있다. 즉 동사 앰플·열 전지 매출의 경우 2021년 16억 원, 2022년 103억 원, 2023년 134억 원, 2024년 3Q(누적) 173억 원으로 가파른 성장세를 이어가고 있다.

무엇보다 우크라이나 전쟁 등으로 인한 신냉전 시대 환경하에서 한층 더 유도무기 등의 중요성이 부각되고 있기 때문에 향후에도 방산수출 증가로 인해 앰플·연 전지 매출의 성장세가 가속화될 것으로 예상된다.

트럼프 2.0 시대 시추의 확대 가시화로
고온전지 매출 성장세가 지속될 전망이다

고온전지(High Temperature Battery)의 경우 석유 및 가스 시추 시 150℃ 이상의 고온, 고습, 진동 등의 극한 환경하에서 드릴링 작업에 대한 모니터링이 필요한데, 여기에 사용 가능한 전원이다. 또한 PIG(Pipe Line Inspection Guage) 측면에서 송유관의 누수, 균열, 온도 등 내부의 상태를 검사하는 장비에 전원으로도 사용된다.

또한 2020년부터는 배터리셀 단위로 판매하던 고온전지를 팩 형태로 개발, 공급하면서 석유 및 가스 시장에서 동사 고온전지 매출의 본격적인 성장세가 나타나고 있다. 무엇보다 트럼프 2.0 시대에서는 에너지 지배력을 내세워 석유·가스 등 화석 연료 생산을 크게 확대할 것이다. 이를 위해 배기가스 배출 규제를 완화하고, 석유·천연가스 시추의 제한을 해제할 방침이다.

이렇듯 트럼프 2.0시대 시추가 확대될 수 있는 환경이 조성됨에 따라 고온전지 매출의 성장세가 지속될 것으로 예상된다.

【 비츠로셀 주가 추이 】

자료: 한국거래소

엠앤씨솔루션(484870)

- 방산용 유압식 및 전기식 부품 전문 기업
- 유럽, 중동 등 수주 확대로 실적 개선이 가속화될 전망이다.

동사는 방산용 유압식 및 전기식 부품 전문 기업이다. 과거 (주)두산의 건설기계용 유압기기 및 방산 부품 사업 부문인 '(주)두산 모트롤BG'가 2020년 12월, 물적분할되어 설립된 구 (주)모트롤이 그 전신이다. 구 (주)모트롤은 분할설립 이후인 2021년 1월에 소시어스-웰투시인베스트먼트 컨소시엄에 매각되면서 최대주주가 (주)두산에서 소시어스웰투시인베스트먼트 제2호기업재무안정 주식회사(현 최대주주)로 변경되었다. 이후 동사는 방산 및 우주항공 전문화를 위해 2023년 12월 1일을 분할기일로, 유압기기 부문이 인적분할되어 분할신설되었고(분할신설법인명: 현 (주)모트롤), 방산 부문을 영위하는 분할존속회사는 (주)엠앤씨솔루션으로 사명을 변경했다.

수출향 수주 확대로 인해
향후 실적 개선이 가속화될 전망이다

방산에서 동사의 핵심 분야는 지상, 유도, 항공 및 해상, 특수 등 4가지로 분류된다. 먼저 지상 분야에서는 포와 포탑 구동장치, 장전

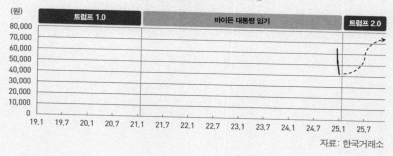

【 엠앤씨솔루션 주가 추이 】

(원)

트럼프 1.0 | 바이든 대통령 임기 | 트럼프 2.0

80,000
70,000
60,000
50,000
40,000
30,000
20,000
10,000
0

19.1 19.7 20.1 20.7 21.1 21.7 22.1 22.7 23.1 23.7 24.1 24.7 25.1 25.7

자료: 한국거래소

장치 등을 다루는데, 특히 K2 전차, K9 자주포 등에 있어 포와 포탑 구동 시 상하좌우 전 방향으로 정밀히 구동할 수 있는 시스템을 자체 개발해 공급중이다.

유도 분야에서는 천무와 천궁 등 유도무기의 발사대, 레이더 차량용 유압 실린더, 파워펫, 펌프, 모터 등의 시스템을 공급한다.

항공 분야에서는 항공용 유압 펌프 및 액츄에이터를, 해상 분야에서는 인지 시스템, 안테나, 레이더 구동 안정화 시스템 등을 자체적으로 생산해 납품한다.

마지막으로 특수 분야에서는 레이저 시스템에 장착되는 구동 및 안정화 장치를 생산한다. 관련 장치는 고에너지 레이저 빔으로 표적을 제거하는 레이저 무기 체계의 핵심 부품으로, 조준점을 정밀하게 유지시키는 역할을 한다. 또한 우주 발사체용 3단 TVC(Thrust Vector Control) 구동장치도 독점 생산, 공급중이며, 국방과학연구소와 위성 탑재용 구동장치도 개발이 진행중이다.

유럽, 중동 등에서 우리나라 업체의 지상·유도 체계 수주 확대로 인해 동사의 수주도 증가중에 있다. 이에 따라 동사의 연도 말 기준 수주 잔고는 2021년 2,074억 원, 2022년 3,451억 원, 2023년 5,692억 원, 2024년 3분기 말 8,279억 원 등으로 지속적으로 증가하고 있다.

무엇보다 이와 같은 수출향 수주 확대로 인해 향후 실적 개선이 가속화될 것이다.

라인메탈(RHM)

- 독일의 대표적인 방산업체
- 트럼프 2.0 시대에 NATO 회원국들의 추가적인 국방비 증액으로 이어지면서 수혜가 예상된다.

동사는 독일의 대표적인 방산업체로서 주요 사업 부문은 Vehicle Systems(전술차량, 장갑차 등 지상무기), Weapon & Ammunition(탄약, 포 등 화기류), Electronic Solution(C4I 등 전술체계, 레이더, 전자전 장비류), Sensor & Actuators, Materiaksr & Trade 등으로 이루어져 있다.

동사의 주요 생산품인 120mm 활강포는 독일군의 주력전차 Leopard 2의 주포이며, 미국, 일본 등 주요 국가에서도 동사의 활강포를 라이선스 생산한 제품을 주력전차의 주포로 채택하고 있다. 독일의 다른 방산업체인 KMW(Krauss-Maffei Wegmann)와 Leopard 2 전차, PZH2000 자주포 등 핵심 기갑 전력을 생산하고 있다.

신냉전시대를 맞아 NATO 회원국들의 추가적인 국방비 증액으로 수혜가 예상되다

2022년 2월, 러시아의 우크라이나 침공 등으로 촉발된 안보 불안이 유럽의 대대적인 군비 증강으로 이어지면서 글로벌 방산시장이 새로운 전기를 맞고 있다.

스톡홀름국제평화연구소(SIPRI)에 따르면, 2023년 세계 국방비 지출은 2조 4,430억 달러로 전년 대비 6.8% 증가했다. 특히 2024년 NATO 회원국들의 군사비 지출이 3,800억 달러에 이를 것으로 전망되며, 2025년에 회원국 증액으로 4,100~4,200억 달러까지 확대될 것으로 예상된다.

이에 따라 2014년 NATO의 GDP 대비 2% 국방비 지출 목표를 달성한 국가는 3개국에 불과했으나, 2024년에는 23개국으로 증가할 전망이다.

이러한 환경하에서 동사의 2024년 3분기 매출액은 24.53억 유로로 전년동기 대비 39.5% 증가했다. 컨센서스에 따르면 2024년 연간 매출액은 전년 대비 39% 증가한 99.7억 유로로 예상되며, 2025년과 2026년은 각각 전년 대비 25%와 26% 증가로 매출의 상승세가 유지될 것으로 기대된다.

무엇보다 트럼프 2.0 시대에는 NATO 회원국들의 국방비 지출이

【 라인메탈 주가 추이 】

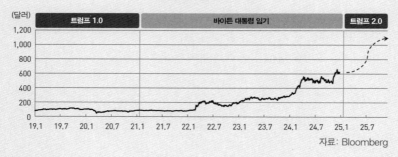

자료: Bloomberg

더욱 가속화될 것으로 예상된다. 즉 트럼프 대통령이 NATO 회원국들의 의무 이행을 강하게 압박해왔기 때문에 NATO 회원국들의 추가적인 국방비 증액으로 이어질 전망이다. 이와 같이 트럼프 2.0 시대에 NATO 회원국들의 추가적인 국방비 증액으로 인해 동사의 수혜가 예상된다.

RTX(RTX-US)

- 미국 방산 및 우주항공 전문업체
- 역대급 수주 잔고를 기반으로 매출 성장이 지속될 전망이다.

동사의 전신인 Raytheon Company는 1922년 설립되었으며, 2020년 United Technologies와의 합병으로 Raytheon Technologies가 탄생했다. 동사는 2023년 6월, 사명(社名)을 기존 Raytheon Technologies에서 RTX로 변경함에 따라 미사일을 만드는 Raytheon Missiles & Defense와 각종 센서 및 전투체계, 우주사업을 담당하는 Raytheon Intelligence & Space 등을 통합해 Raytheon 사업부로 단순화했다. 이에 따라 항공엔진을 만드는 기존 P&W(Pratt&Whitney), 항전장비 및 기타 항공부품을 만드는 Collins Aerospace를 포함한 3개 부문으로 사업 구조를 단순화했다.

Raytheon 사업 부문에서는 미사일과 대공방어 시스템, 우주 시스템, 레이더, 사이버 전쟁 솔루션 등 첨단 방위 무기 체계를 담당하면서 미 국방부와 우방국에 판매한다.

Collins Aerospace 사업 부문은 비행기의 랜딩기어와 우주항공용 첨단소재, 우주복, 항공전자장비 등을 아우르는 항공우주 소재와 부품을 생산한다.

P&W 사업 부문에서는 제트엔진 생산을 맡고 있는데, 미 공군의 F-35 전투기와 여러 민간 항공사 등이 P&W의 엔진을 채택하고 있다. 항공엔진 부문에서 P&W는 GE에어로스페이스와 쌍벽을 이루고 있다.

2023년 기준으로 사업 부문별 매출비중이 Raytheon 35%, Collins Aerospace 34%, P&W 31% 등으로 분포되어 있다.

역대급 수주 잔고를 기반으로 매출 성장이 지속될 전망이다

우크라이나 전쟁과 중동분쟁, 중국과 주변국의 긴장고조로 지정학적 위험이 심화되고 있다. 무엇보다 미국 대외전략의 고립주의적 색깔이 짙어지면서 상당 기간 심화하는 방향으로 전개될 것이다. 이에 따라 군사 대국은 물론이고 지정학적 요충지에 위치한 국가들의 방위력 증강 의지 또한 높아질 수밖에 없다.

무엇보다 러시아-우크라이나 전쟁으로 유럽 내 NATO 회원국의 방위 전력 강화와 현대화는 당면 과제가 되었고, 중국의 팽창주의는 아시아 전역의 방위비 확대 분위기를 조성하고 있다.

이러한 환경하에 동사의 2024년 9월 말 기준 수주 잔고는 역대 최대치이면서 3년치 일감에 해당하는 2,210억 달러를 기록했다. 수주 잔고 2,210억 달러 중 방산 부문은 900억 달러를 차지하고 있으며, 나머지 1,310억 달러는 P&W와 Collins Aerospace의 민간 부문에서 차지하고 있다.

【 RTX 주가 추이 】

(달러) | 트럼프 1.0 | 바이든 대통령 임기 | 트럼프 2.0

자료: Bloomberg

특히 방산 부문에서는 미사일과 대공방어 시스템 등의 수주가 증가중에 있다. 이와 같이 역대급 수주 잔고를 기반으로 매출 성장이 지속될 수 있을 것이다.

★ 메이트북스는 독자의 꿈을 사랑합니다.

트럼프 2기 시대의 세계경제 질서

트럼프 2.0 시대, 글로벌 패권전쟁의 미래

이철환 지음 | 값 19,800원

경제 대국인 미국과 중국 간의 패권다툼은 전 세계 경제를 위협하고 있다. 대외 의존도
가 높은 우리 경제는 소용돌이치는 국제질서 속에서 더욱 어려운 상황에 놓이게 되었다.
저자는 이 책을 통해 불확실한 글로벌 경제사회가 처해 있는 상황을 정확히 이해하는 데
도움을 준다. 글로벌 패권전쟁의 모습을 포괄적으로 알기 쉽게 정리한 이 책을 통해 우
리의 현재 위치를 파악하고 나아가야 할 방향에 대한 통찰을 얻을 수 있을 것이다.

다가올 3년, 금융시장의 미래를 말한다

THE GREAT SHIFT 대전환기의 투자전략

신동준 지음 | 값 19,000원

팬데믹 이후 저성장·저물가·저금리의 '뉴 노멀(New Normal)'은 고성장·고물가·고금리
의 '넥스트 노멀(Next Normal)'로 바뀌고 있다. 채권투자 전략과 자산배분전략 분야에
서 수차례 베스트 애널리스트 1위에 선정된 저자는 데이터와 논리에 기반해 '넥스트 노
멀'의 추세를 낱낱이 분석한다. 과거의 데이터를 수집하고 주류 이론과는 다르게 과감
한 주장을 펼침으로써 투자에 필요한 통찰력을 제공하는 저자 특유의 인사이트는 지금
같은 대전환기에 경제 흐름을 다각도로 보는 식견을 넓히는 데 큰 도움이 될 것이다.

미래를 알면 돈의 향방이 보인다

곽수종 박사의 경제대예측 2025-2029

곽수종 지음 | 값 19,800원

소중한 재산을 지키고 싶거나 경제활동을 하거나 기업을 경영하고 있다면 5년 정도의
중장기적인 경제 예측 정도는 가지고 있어야 한다. 이 책은 주요 국가들의 경제 환경 분
석을 통해 세계경제의 중장기 미래를 예측하고, 위기에 처한 한국경제의 지속가능한 성
장 전략을 제시한다. 모든 수준의 독자들이 쉽게 이해할 수 있게 쓰여진 이 경제전망서
를 통해 향후 5년간의 세계경제를 예측하고 대응하는 통찰력을 기를 수 있을 것이다.

돈의 흐름을 아는 사람이 승자다

다가올 미래, 부의 흐름

곽수종 지음 | 값 18,000원

국가, 기업, 개인은 늘 불확실성의 문제에 직면한다. 코로나19 팬데믹과 러시아-우크라
이나 전쟁 등은 분명한 '변화'의 방향을 보여주고 있다. 국제경제에 저명한 곽수종 박사
는 이 책에서 현재 경제 상황을 날카롭게 진단한다. 이 책에서는 인플레이션 압력과 경
기침체 사이의 끝을 가늠하기 어려운 경제위기 상황 속에서 이번 위기를 넘길 수 있는
현실적인 방안을 모색한다.

이제 완전히 새로운 해법으로 세상과 경제를 읽어야 할 때다!

다가올 5년, 미래경제를 말한다

유신익 지음 | 값 21,000원

요즘같이 하루가 다르게 급변하는 시기에 이 책은 혼돈의 경제를 읽어내는 새로운 해법을 제시한다. 저자는 특별히 기축통화국의 경제정책 방향에 따른 글로벌 국가들의 통화 주권의 중요성을 강력하게 분석하고 대안을 제시한다. 현대 사회는 각 개인이 직접 혹은 간접투자를 통해 자기 자산을 적극적으로 관리하고 증가시키는 시대인 만큼 세계 경제의 움직임이나 우리나라 경제의 변화에 대해 나만의 답을 가지고 있어야 한다. 이 책이 그 해답을 찾는 데 방향을 제시해줄 것이다.

갈등이 경제를 이끄는 시대의 투자법

갈등 경제

박상현 지음 | 값 18,500원

전 세계적으로 기술혁신이 경제를 이끌어가면서 사회 전반에서 부분적인 발전과 쇠퇴가 점점 빨라졌다. 예상치 못한 각종 갈등 요인이 잇따라 출현하면서 세계 경제 흐름은 더욱 종잡을 수 없는 상황에 내몰리고 있다. 이 책은 세계적인 인구 감소와 초고령사회 진입 등 현재 이슈가 되고 있는 사회문제를 조망하면서 앞으로의 세계 경제 흐름과 변화, 그에 맞는 투자 방향 등 다각적인 내용을 종합해 다룬다. 세계 경제 상황을 미리 내다보고 미래의 투자를 생각하는 사람들에게 훌륭한 대안이 될 것이다.

인공지능이 경제를 이끄는 시대의 투자법

AI 시대의 부의 지도

오순영 지음 | 값 19,800원

생성형 AI 같은 기술의 놀라운 성장에 따라 분석, 예측 및 개인화 기술이 놀랍도록 성장했다. 금융 IT 분야의 전문가인 저자는 생성형 AI 기술을 자산관리에 사용하는 데 도움이 될 내용을 담았다. 이 책은 AI 시대를 채우고 있는 기술, 기업, 비즈니스를 어떻게 받아들여야 하는지, AI 시대에 무엇을 보고 어떻게 해석해야 할지를 알려주고 있다. 지금은 AI 시대를 해석하는 능력이 곧 부의 추월차선을 결정하는 시대이기 때문이다.

거스를 수 없는 주식투자의 빅트렌드, 로봇

최고의 성장주 로봇 산업에 투자하라

양승윤 지음 | 값 18,000원

로봇 산업이 현대 사회의 핵심 산업으로 떠올랐다. 인공지능과 로봇공학의 발전으로 이 산업은 전례 없는 성장세를 보이며 새로운 혁신을 이끌어내고 있는 만큼 향후 수년간 투자 여건이 형성될 것으로 보인다. 로봇 산업의 태동과 성장으로 투자기회는 보이지만, 아직은 이 분야가 생소한 이들에게 이 책은 로봇 산업 전반에 대한 흐름을 짚어줌으로써 투자에 대한 큰 그림을 그릴 수 있게 돕는다.

■ 독자 여러분의 소중한 원고를 기다립니다

메이트북스는 독자 여러분의 소중한 원고를 기다리고 있습니다. 집필을 끝냈거나 집필중인 원고가 있으신 분은 khg0109@hanmail.net으로 원고의 간단한 기획의도와 개요, 연락처 등과 함께 보내주시면 최대한 빨리 검토한 후에 연락드리겠습니다. 머뭇거리지 마시고 언제라도 메이트북스의 문을 두드리시면 반갑게 맞이하겠습니다.

■ 메이트북스 SNS는 보물창고입니다

메이트북스 홈페이지 matebooks.co.kr

홈페이지에 회원가입을 하시면 신속한 도서정보 및
출간도서에는 없는 미공개 원고를 보실 수 있습니다.

메이트북스 유튜브 bit.ly/2qXrcUb

활발하게 업로드되는 저자의 인터뷰, 책 소개 동영상을 통해 책
에서는 접할 수 없었던 입체적인 정보들을 경험하실 수 있습니다.

메이트북스 블로그 blog.naver.com/1n1media

1분 전문가 칼럼, 화제의 책, 화제의 동영상 등 독자 여러분을 위
해 다양한 콘텐츠를 매일 올리고 있습니다.

메이트북스 네이버 포스트 post.naver.com/1n1media

도서 내용을 재구성해 만든 블로그형, 카드뉴스형 포스트를 통해
유익하고 통찰력 있는 정보들을 경험하실 수 있습니다.

STEP 1. 네이버 검색창 옆의 카메라 모양 아이콘을 누르세요.   STEP 2. 스마트렌즈를 통해 각 QR코드를 스캔하시면 됩니다.
STEP 3. 팝업창을 누르시면 메이트북스의 SNS가 나옵니다.